DE LA

RECONNAISSANCE LÉGALE

DES

MARCHÉS A TERME

PAR

ED. FEY

AVOCAT A LA COUR DE PARIS.

(EXTRAIT DE *LA FRANCE JUDICIAIRE*)

PARIS

A. DURAND et PEDONE-LAURIEL, Éditeurs,

LIBRAIRES DE LA COUR D'APPEL ET DE L'ORDRE DES AVOCATS

G. PEDONE-LAURIEL, SUCCESSEUR

13, rue Soufflot, 13.

1882

DE LA RECONNAISSANCE LÉGALE

DES

MARCHÉS A TERME

DE LA

RECONNAISSANCE LÉGALE

DES

MARCHÉS A TERME

PAR

ED. FEY

AVOCAT A LA COUR DE PARIS.

(Extrait de *LA FRANCE JUDICIAIRE*)

PARIS

A. DURAND et PEDONE-LAURIEL, Éditeurs,

LIBRAIRES DE LA COUR D'APPEL ET DE L'ORDRE DES AVOCATS

G. PEDONE-LAURIEL, Successeur

13, rue Soufflot, 13.

1882

DE LA

RECONNAISSANCE LÉGALE

DES

MARCHÉS A TERME

———

Les premières semaines de l'année 1882 ont été, on s'en souvient, signalées par une catastrophe financière comme il ne s'en était pas produit depuis longtemps. Le désastre, qui atteignit alors une société de crédit jouissant jusque là d'une fortune inouïe, bouleversa profondément la place de Paris; celle de Lyon, au même moment, subissait un secousse semblable.

Ces événements émurent profondément l'opinion publique; la vue des ruines qui s'accumulaient de tous côtés, l'ébranlement du marché, le crédit public et privé profondément atteint, attirèrent vivement l'attention non seulement des hommes d'affaires, mais aussi de tous ceux qui s'occupent des questions juridiques et législatives.

On se demanda si la législation, dans son état actuel, répondait bien aux nécessités du jour et si elle était en rapport avec l'état des faits économiques et des relations commerciales de notre époque; on tomba à peu près d'accord qu'elle appelait des réformes au double point de vue de la constitution des sociétés anonymes et de la négociation des effets publics, pour laquelle on réclamait la reconnaissance légale des marchés à terme.

Nous ne nous occuperons que de ce dernier point de vue.

La législation, disait-on, ne se prononce point sur la validité des opérations à terme d'une façon suffisamment catégorique; il en résulte deux inconvénients : le premier, de permettre aux tribunaux de refuser toute action à leur occasion, sous prétexte de jeu ou de pari, et d'appliquer à des actes de commerce des dispositions qui n'ont été édictées qu'en vue du jeu de hasard proprement dit ; le second, provenant de l'incertitude de la jurisprudence, qui a pour résultat d'exposer des négociants sérieux à la ruine et à la faillite alors qu'ils n'auraient en aucune façon prévu ou pu prévoir que ceux avec lesquels ils contractaient ou pour le compte desquels ils agissaient, se livraient à un véritable jeu réprouvé par la loi. On insistait sur ce qu'il y a de singulier dans ce fait qu'un individu puisse, en invoquant l'exception de jeu, se soustraire à un engagement de payer ou de prendre livraison, contracté par marché régulier, parce que le marché portait sur des titres de bourse, alors qu'il n'aurait pu s'y soustraire s'il se fût agi de tout autre contrat commercial. De tous côtés enfin on réclamait la reconnaissance légale des marchés à terme ; les chambres de commerce, les chambres syndicales des différentes branches du commerce furent unanimes à demander cette reconnaissance et la suppression de l'exception de jeu en cas d'opérations à terme, alors même que celles-ci devraient se liquider par de simples différences. Dans le but de donner satisfaction aux vœux aussi hautement formulés, le garde des sceaux, par arrêté du 14 février 1882, chargea une commission spéciale de jurisconsultes, de rechercher les modifications qu'il y aurait lieu d'apporter à législation actuelle en ce qui concerne les sociétés et la négociation des valeurs mobilières. Cette commission s'est tout d'abord occupée de la seconde partie de sa mission et ses délibérations l'ont conduite à proposer au garde des sceaux un projet de loi ayant pour but la reconnaissance légale des marchés à terme.

Ce projet, déposé sur le bureau de la chambre des députés le 5 juin dernier, et renvoyé à la commission des marchés à terme, a été adopté avec de légères modifications par la commission de la chambre[1].

1. Le projet du gouvernement était ainsi conçu :

« Art. 1er. — Tous marchés à terme sur effets publics et autres, tous marchés à livrer sur denrées et marchandises sont reconnus légaux.

» Nul ne peut, pour se soustraire aux obligations qui en résultent, se prévaloir de l'article 1965 du code civil, lorsque l'acheteur a le droit d'exiger la livraison ou lorsque le vendeur a le droit de l'imposer.

» Art. 2. — Les articles 421 et 422 du code pénal sont abrogés.

» Art. 3. — Sont abrogées les dispositions des anciens arrêts du conseil des 24 septembre 1724, 7 août-2 octobre 1785 et 22 septembre 1786, les articles 15, chapitre Ier, 4, chapitre II, de la loi du 28 vendémiaire an IV, 13 de l'arrêt du 27 prairial an X, les articles 85, § 3, et 86 du code de commerce.

» Art. 4. — Les conditions d'exécution des marchés à terme par les agents de change seront fixées par le règlement d'administration publique prévu par l'article 90 du code de commerce.

» Art. 5. — Les dispositions de l'article 419 du code pénal sont applicables aux effets autres que les effets publics. »

Voici celui que la commission a adopté :

« Art. 1er. — Tous marchés à terme sur effets publics et autres, tous marchés livrés sur denrées et marchandises sont reconnus légaux.

» Nul ne peut, pour se soustraire aux obligations qui en résultent, se prévaloir de

Ce n'est pas la première fois que cette question des marchés à terme préoccupe l'opinion publique et attire l'attention du gouvernement. L'ancien droit et le droit intermédiaire ont eu à s'en préoccuper et nous ont laissé de nombreux monuments législatifs, qui prohibent totalement ou simplement combattent et entravent toute opération à terme.

Au moment où une fois de plus la question va s'agiter devant le législateur et où, il faut l'espérer, elle va recevoir une solution, il n'est pas sans intérêt de l'envisager dans son ensemble au triple point de vue historique, économique et juridique. C'est le but de cette étude.

I. — En langage de bourse, le marché à terme est une opération dans laquelle l'acheteur et le vendeur fixent un terme pour l'exécution [1].

Envisagé d'une manière générale, ce n'est autre chose qu'un contrat de droit commun, prévu au titre de la vente du code civil ; c'est la vente à terme, c'est-à-dire une vente dont la réalisation est remise à une époque ultérieure, mais déterminée à l'avance, et conséquemment par simple application des principes généraux du droit, une convention parfaite puisqu'aux termes de l'article 1583 du code civil, dès que les parties sont tombées d'accord sur la chose et sur le prix, la validité de la vente n'est point subordonnée à la livraison de la chose ou au payement du prix.

Quelque simple que soit cette façon d'envisager le marché à terme, elle n'a point toujours été admise. Comme la suite de cette étude nous permettra de le constater, le marché à terme a été longtemps considéré comme constituant dans tous les cas un véritable jeu de hasard, un acte contraire à la morale et qui devait en conséquence être réprouvé par la loi. Cette réprobation s'est longtemps perpétuée et il n'a fallu rien moins que la pression des mœurs et des faits, pour vaincre un préjugé qui avait son origine dans une fausse conception de la richesse et des nécessités économiques. La constatation de l'utilité de ces sortes de contrats a pu seule, à la longue, faire fléchir la sévérité des juges et, par une sorte de transaction, leur en faire admettre la validité, du moins en matière de bourse [2].

l'article 1965 du code civil, lors même qu'elles devraient se résoudre par le payement d'une simple différence.

» Art. 2. — Les articles 421 et 422 du code pénal sont abrogés.

» Art. 3. — Sont abrogées les dispositions des anciens arrêts du conseil du 24 septembre 1724, 7 août-2 octobre 1785 et 22 septembre 1786, les articles 15, chapitre Iᵉʳ, 4, chapitre II de la loi du 28 vendémiaire an IV, 13 de l'arrêté du 27 prairial an X, les articles 85, § 3, et 86 du code de commerce.

» Art. 4. — Les conditions d'exécution des marchés à terme par les agents de change seront fixées par le règlement d'administration publique prévu par l'article 90 du code de commerce.

» Art. 5. — Les dispositions de l'article 419 du code pénal sont applicables aux effets autres que les effets publics. »

1. GUILLARD, *Opérations de Bourse*, p. 46.

2. On sait que les marchés à terme se divisent en deux catégories : 1° les marchés fermes, c'est-à-dire ceux dans lesquels le vendeur et l'acheteur s'engagent à livrer en liquidation l'un ses titres, l'autre son argent, sans qu'aucun d'eux puisse se soustraire

Nous verrons en effet que la jurisprudence moderne, après avoir pendant quelque temps semblé reconnaître les marchés à terme, en est revenue à contester leur légalité, puis qu'enfin elle les a consacrés sous certaines conditions. Nous rencontrerons dans cette étude une sorte de lutte entre les mœurs et les nécessités économiques d'un côté et de l'autre côté, tantôt les gouvernements qui s'efforçaient de dominer le marché des valeurs, tantôt la magistrature, qui, imbue des anciens préjugés contre la spéculation, ne voyait dans les marchés à terme qu'un instrument d'agiotage qu'il lui appartenait de détruire dans les mains des spéculateurs. Cette lutte est curieuse à plus d'un point de vue; entre le législateur et la spéculation elle affecte un caractère politique; elle se transforme suivant les époques, devient plus âpre aux jours de crise et cesse dans les périodes de calme et de prospérité. Entre les tribunaux et la spéculation la lutte a un caractère moral; le juge cherche avant tout à combattre le goût du jeu, de la spéculation aventureuse; il le repousse au nom de la morale et, dans son ardeur, confond dans une même réprobation, la spéculation proprement dite et celle qui use de moyens malhonnêtes et déloyaux. Peu à peu cependant il se convertit sous la pression des mœurs, il en vient à reconnaître, sous l'influence du progrès des idées économiques, qu'il y a une spéculation qui n'est ni le jeu, ni l'agiotage. A partir de ce moment, il confirme les engagements contractés en vue de la spéculation légitime et ne réprouve plus que ceux qui ont leur base dans l'agiotage proprement dit.

Actuellement il serait fort difficile, pour ne pas dire impossible, de contester d'une façon absolue la validité des marchés à terme. Au point de vue économique, ils sont d'une utilité évidente et d'autre part, nous ne voyons pas à quel titre on pourrait les réprouver au nom de la morale, si on les considère dans leur principe sans se préoccuper uniquement des abus qui peuvent s'y glisser et venir en corrompre la sincérité. Dans l'état actuel des relations économiques, les marchés à terme sont l'âme du commerce et de l'industrie. S'ils venaient à disparaître il en résulterait infailliblement une perturbation profonde, non seulement des relations commerciales mais encore de la fortune publique.

Ils sont d'une utilité journalière, utilité qui se présente alors même que

à l'exécution du contrat; 2° les marchés à prime, c'est-à-dire ceux dans lesquels l'acheteur se réserve la faculté d'exiger, lors de la liquidation, la réalisation de la convention ou d'y renoncer, moyennant l'abandon d'une certaine somme payée d'avance au vendeur et appelée *prime*. (Voir GUILLARD, *loc. cit.*, p. 48, 49 et suiv.) Dans ces derniers marchés le vendeur seul est lié, l'acheteur est libéré s'il fait l'abandon de la prime; ils sont les plus fréquents de la bourse de la Paris; toutefois on y pratique également en coulisse l'opération inverse. Le vendeur donne une prime à l'acheteur pour l'obliger à recevoir : l'acheteur est lié, le vendeur ne l'est pas. La prime est alors dite *prime pour recevoir;* d'un usage très rare en France, elle est assez répandue en Angleterre où l'on connaît aussi les doubles primes en matière de valeurs mobilières, tandis qu'en France elles ne sont en usage que dans le commerce des marchandises. Avec le système des doubles primes, chaque partie peut, en payant le double de la prime ordinaire, se faire livrer ou livrer la marchandise à l'échéance du terme, au prix fixé d'avance.

les parties se trouveraient en situation de contracter au comptant, par exemple quand les contractants ont tous les deux en mains soit l'argent soit les titres. Certes il semble au premier abord, qu'en pareil cas, l'avantage que peut procurer une opération à terme soit bien minime. Pourtant il n'en est pas ainsi; cet intérêt existe et peut se présenter dans une foule de circonstances que M. Guillard (p. 57) énumère ainsi qu'il suit : « Un banquier compte pour la fin du mois sur des rentrées importantes dont il n'a pas l'emploi, il achètera fin courant de la rente pour le montant de cette somme et à l'échéance, il se trouvera en mesure de payer. Mais pourquoi n'attend-il pas la fin du mois pour acheter? Parce qu'il craint qu'en liquidation, les cours soient plus élevés qu'au moment où il donne ses ordres à son agent de change, et comme il agit en vue d'un emploi de capitaux pour une courte durée, il désire acheter au plus bas prix pour revendre le plus cher possible...... Voici un rentier qui redoute la baisse et qui voudrait se défaire de son inscription, mais elle se trouve sous scellés et ne sera à sa disposition qu'à la fin du mois présent ou suivant; il vendra sa rente fin courant ou fin prochain, de telle sorte qu'il ne soit pas exposé à la baisse qui surviendrait dans les cours.... On peut également citer un porteur de titres qui craint une dépréciation et veut les réaliser; mais il est en voyage, un marché au comptant lui est peut-être interdit parce que les effets sont enfermés dans sa caisse; il fera une vente à terme dont l'échéance coïncidera avec l'époque de son retour. Enfin et cette hypothèse se présente constamment dans la pratique, ce sera un rentier ou un actionnaire qui a besoin d'un capital seulement pour la fin du mois; plus tôt il ne saurait l'utiliser et il perdrait l'intérêt. Pour recevoir à jour fixe le prix de ses valeurs, il lui suffit de consentir une vente à terme... »

II.—Les marchés à terme, il est vrai, et c'est là le principal reproche qu'on leur adresse, sont l'âme de la spéculation et c'est le motif qui les rend suspects à beaucoup de bons esprits. Il y aurait peut-être dans cette circonstance une raison de réprouver le marché à terme, si toute spéculation était par elle-même un fait immoral et dangereux. Mais il n'en est pas ainsi de nos jours; la spéculation honnête et régulière est devenue un rouage absolument nécessaire de la vie économique des peuples; elle ne peut être un mal que si elle est abusive. Les économistes les plus sévères au point de vue de la morale n'hésitent point à voir dans la spéculation un des principes généraux de la production des richesses. Sans la spéculation il eut été fort difficile sinon impossible, de réaliser les capitaux nécessaires aux grandes opérations qui honorent notre siècle; d'émettre ces emprunts d'État qui, aux jours adverses, sauvent une nation; d'assurer la subsistance, l'équipement, l'armement, la solde même des armées qu'exige la sécurité du sol national.

Le succès des emprunts, il faut le reconnaître, même et surtout aux jours de péril, n'est point purement l'œuvre du patriotisme. Ceux qui apportent au trésor public leurs économies, ne sont pas mus seulement par la pensée du devoir et le désir de venir en aide à leur patrie, mais aussi par l'espoir du gain; ils attendent du versement qu'ils opèrent un bénéfice plus ou moins éloigné, bénéfice qui se légitime, il est vrai, dans une entière mesure, en ce qu'il est la rémunération de leur confiance et des risques qu'ils ont pu courir, mais qui n'en est pas moins une des causes déterminantes, sinon la seule, de leur souscription.

A ce point de vue, la spéculation joue un rôle important dans l'émission, si fréquente de nos jours, des emprunts d'État. En outre si la masse de rentes émise était du jour au lendemain offerte sur le marché, il en résulterait infailliblement une dépréciation du type choisi, du titre nouveau; le rôle de la spéculation est encore d'empêcher cet envahissement subit du marché : elle a pour effet de régulariser l'émission des nouveaux titres suivant les besoins de la place. Les spéculateurs intéressés à empêcher toute dépréciation des cours, sont par là même conduits à ne déverser les rentes sur le marché que progressivement et suivant les besoins de la demande. Les cours se maintiennent ainsi naturellement et avec eux le crédit de l'Etat emprunteur. Il y a là un fait économique qui ne ne saurait échapper à l'observation. M. Bozérian le signale ainsi dans son ouvrage *de la Bourse*, T. II, p. 619. « ...., Il n'est pas possible, dit-il, que les titres arrivent d'un seul bond du producteur au consommateur, il faut nécessairement qu'ils séjournent pendant un temps plus ou moins long dans le réservoir de la spéculation.... Sans la spéculation, la réussite de l'opération devient improbable, je ne crois pas même m'avancer trop en disant qu'elle devient impossible. »

Si la spéculation de bourse n'avait d'autre utilité, si elle n'offrait d'autre avantage que de faciliter le classement des emprunts d'État, cela ne suffirait peut-être pas à compenser ses inconvénients; mais son rôle est plus important encore : elle atténue les effets des brusques variations des cours.

Les cours des valeurs subissent à un très haut degré les influences des événements politiques, ce qui a fait dire souvent que la Bourse était le thermomètre de la confiance publique. Quoique cet adage ne soit pas toujours d'une exactitude rigoureuse, il n'en est pas moins vrai qu'il est le résultat de l'observation des faits. Dans les périodes de calme politique à l'extérieur comme à l'intérieur, les cours tendent à s'élever; ils tendent à s'affaisser dans les moments critiques. Lorsque l'horizon politique est sombre sous la menace de troubles intérieurs ou de la guerre extérieure, quelquefois pour des causes moins graves telles que le changement d'un ministre ou le resserrement de l'or, nombre d'esprits s'effraient et renoncent aux placements mobiliers pour chercher à leurs capitaux un emploi qui semble plus sûr; ou bien des négociants ont besoin de réaliser des valeurs pour s'assurer de plus grandes disponibilités; dans ces différents cas les ventes d'effets publics se multiplient, tandis que les achats tendent à se ralentir par l'abstention des capitaux de placement; il en résulte que l'offre dépasse les besoins de la demande et que la dépréciation des cours, abandonnée à elle-même, ne ferait que se précipiter de plus en plus. Mais alors intervient la spéculation; elle joue le rôle de modérateur.

L'attrait du gain attire les spéculateurs. Ils recherchent les avantages que la dépréciation des cours leur offre et s'empressent d'en profiter; ils escomptent l'avenir, la reprise qui ne manquera pas de se produire lorsque la crise sera terminée. Leurs achats ont pour effet de diminuer l'écart entre l'offre et la demande et par conséquent de restreindre l'abaissement des cours. Dans ce cas il faut enfin compter avec les spéculateurs à la hausse dont le rôle consiste à enrayer la baisse.

Il en est inversement de même lorsque, au sortir des crises, l'effet contraire à celui que nous venons de signaler vient à se produire et que les demandes dépassent les offres. Les spéculateurs, qui tout à l'heure ont accumulé les titres, ont tout intérêt à jeter sur le marché la plus grande somme possible de valeurs pour profiter du gain qui s'annonce : les titres deviennent plus nombreux, la demande est plus facilement satisfaite et la hausse est enrayée. La spéculation a, dans un cas comme dans l'autre, empêché une variation trop étendue des cours. C'est ce qu'exprimait devant la chambre belge, le rapporteur d'une loi sur les marchés à terme proposée en 1860 par le gouvernement belge, M. Pirmez.

« La spéculation, disait-il, a pour résultat de maintenir le cours de la rente et d'en modérer les écarts. A ces époques critiques où le lendemain même est incertain, dans ces moments de trouble, où la crainte a envahi tous les esprits, les variations des cours de la bourse sont infiniment brusques, fréquentes et sensibles; l'élément aléatoire des marchés augmente et par cet irrésistible attrait du sort que démontre si bien le succès des emprunts à prime de quelques-unes de nos villes, les opérations se multiplient et se terminent le plus souvent par la ruine ou l'enrichissement de leurs auteurs. Les spéculations à issues diverses ne font pas l'état de choses mauvais dans lequel elles se développent surtout, elles en sont au contraire une conséquence naturelle et elles tendent à améliorer la situation. L'appât des gains chanceux appelle des capitaux qui ne se fussent pas présentés pour s'immobiliser et par là même un frein à la baisse se trouve déjà établi. Chaque opération tend en outre à rapprocher les cours; car en quoi consisterait la spéculation, si ce n'est à vendre ou à acheter lorsque les prix paraissent monter ou descendre au delà de la ligne que tracent les circonstances? Les spéculateurs sont ainsi les surveillants intéressés des variations des cours, et ils ne peuvent profiter de celles qu'ils considèrent comme excessives, qu'en faisant une opération qui pousse nécessairement au rétablissement de la vérité des prix [1]. »

La spéculation, dans de semblables circonstances, rend donc d'incontestables services; elle contribue à maintenir le crédit public en soutenant les cours des rentes et autres valeurs d'État; elle sauvegarde, par le même motif, les fortunes privées auxquelles les variations brusques et intenses des cours portent en tous cas de sérieuses atteintes.

1. Voir dans la *Belgique judiciaire*, numéro du 15 mai 1881, un remarquable article de M. S. Wiener, auquel nous empruntons la citation ci-dessus. Voir aussi *Annales parlementaires belges*, 1859-1860, p. 739, et NYPELS, p. 565.

Dans ses rapports avec l'industrie privée, la spéculation ne rend pas moins de services, alors que, comme nous l'avons signalé, elle met à sa disposition les sommes énormes nécessitées par la création des chemins de fer, des canaux, des grandes usines. C'est son intervention qui a permis de développer, dans de magnifiques proportions, l'outillage social; sans la spéculation, il est à peu près certain que ce résultat n'aurait pas pu être obtenu, et cela s'explique facilement. Lorsqu'une entreprise cherche à se fonder, quelque sérieuse qu'on la suppose et quelques chances de succès qu'elle puisse présenter dans l'avenir, elle offre toujours au début, une part d'aléa considérable. Les capitaux de placement, qui trouvent leur rémunération dans le revenu et qui ont en perspective un certain nombre d'années improductives, se refusent à l'œuvre naissante; en outre, le capitaliste qui cherche pour son épargne ce qu'on est convenu d'appeler un placement de père de famille, redoute les mauvaises chances, la non réussite de l'œuvre, etc. Les capitaux de spéculation au contraire, qui se proposent, comme rémunération, les plus values rapides, qui voient dans l'entreprise annoncée des chances de réussite, accourent en foule souscrire les actions, assurés qu'ils sont, au moyen du fonctionnement de la spéculation, de trouver à revendre leurs titres avec bénéfices dès que les chances de revenus seront un peu plus proches et de ne pas supporter toutes les pertes en raison même de l'attrait que cette valeur pourra présenter à d'autres spéculateurs.

Ce n'est pas tout, dans le commerce, dans l'industrie, la spéculation est une nécessité; le fabricant qui a besoin des matières premières ne peut être astreint à les acheter au jour le jour; il lui faut se les procurer par masses et d'avance. Il les achète à un prix déterminé, livrables à diverses époques, soit même livrables de suite; pendant la période qui s'écoule entre le jour de l'achat et le jour où elles seront livrées, ou bien le jour où elles seront mises en œuvre, les matières premières peuvent subir une variation de prix, et le fabricant qui les aura acquises à prix fixe, aura spéculé et spéculé heureusement; si elles ont baissé de prix, la spéculation aura été pour lui moins heureuse. Toutefois, en s'assurant d'avance les matières premières à un prix déterminé, il a pu prendre aussi d'avance des engagements de livrer la marchandise ouvrée à un prix en rapport avec son prix d'achat; il aura évité ainsi les dangers d'une dépréciation des cours. Ce n'est d'ailleurs qu'au moyen d'engagements à terme qu'il peut s'assurer une clientèle, la fourniture de certains établissements, d'autres négociants, etc.

C'est aussi la spéculation qui, prévoyant les faibles récoltes, achète en masse les blés, les vins et qui, les lançant aux moments de disette sur le marché, empêche les exagérations des cours.

Mais, en regard de ces avantages, il faut le reconnaître, la spéculation offre des inconvénients graves.

III.—A côté de la spéculation dont nous venons de voir le rôle, il en est une autre qui malheureusement ne présente pas les mêmes caractères, et qui ne légitime pas les bénéfices qu'elle recueille par le service rendu. Elle ne se fonde point comme la première sur l'étude des besoins sociaux et des probabilités de l'avenir, elle s'ingénie plutôt à créer des besoins factices et à influencer les cours au moyen de faux bruits, d'affirmations inexactes, de mirages trompeurs, etc.; c'est elle qui crée ces élévations prodigieuses du cours des titres qu'elle adopte, alors même qu'ils ne présentent aucune valeur et qui donne l'illusion de la prospérité alors qu'au contraire la ruine est proche et inévitable; c'est elle qui compromet le crédit public et privé en provoquant de ces catastrophes financières qui menacent la solvabilité du marché, etc.

Certes c'est là un mal et un mal profond. Les agissements de ceux qui se livrent aux spéculations de ce genre doivent être énergiquement réprouvés; mais la réprobation qui doit les atteindre, ne saurait sans injustice s'appliquer à la spéculation légitime et honnête. Il faut même aller plus loin et dire qu'ils ne peuvent pas plus, en bonne justice, être assimilés à la spéculation que le commerce au vol et à l'escroquerie. Dans cet ordre d'idées, vouloir interdire le marché à terme parce qu'il est un instrument de spéculation et qu'il y a des spéculateurs malhonnêtes, serait aussi justifié que pourrait l'être la proposition de prohiber le commerce ou l'industrie parce qu'il y a des commerçants banqueroutiers, escrocs ou contrefacteurs.

Le vol et l'escroquerie s'attachent aussi bien à la spéculation qu'au commerce; ils sont pour l'un comme pour l'autre, un virus destructeur, mais ils ne sont pas pour cela le commerce ou la spéculation. Les spéculateurs qui se servent, pour obtenir un bénéfice, de moyens illégitimes, ne méritent pas ce nom; s'ils ne sont des escrocs, ils sont des agioteurs; mais ils ne sont point des spéculateurs dans le sens vrai qu'on doit attacher à cette expression.

La spéculation, en effet, n'est pas l'agiotage : c'est chose fort différente et qu'il importe de ne pas confondre, bien que la ligne de démarcation soit fort difficile à déterminer. Les auteurs qui se sont préoccupé des questions économiques, au point de vue des affaires de bourse, n'ont pas manqué de signaler la distinction qu'il y a lieu de faire à cet égard.

La spéculation, d'après Proudhon[1], « n'est autre chose que la conception intellectuelle des différents procédés par lesquels le travail, le crédit, le transport, l'échange peuvent intervenir dans la production. C'est elle qui recherche et découvre pour ainsi dire les gisements de la richesse, qui invente les moyens les plus économiques de se la procurer, qui la multiplie soit par des façons nouvelles, soit par des combinaisons de crédit, soit par la création de nouveaux besoins, soit même par la dissémination et le déplacement incessant des fortunes. »

Horace Say[2] établit ainsi qu'il suit la distinction entre la spéculation et

1. *Manuel du spéculateur de la Bourse*, p. 4.
2. *Dictionnaire de l'économie politique*, v° Agiotage.

l'agiotage : « La spéculation, dit-il, est un placement de capitaux fait avec intelligence par l'achat à bas prix de denrées ou marchandises, dans l'intention de les revendre plus tard, lorsque les prix s'élèvent. Par la première opération, la spéculation empêche la baisse du prix d'atteindre un taux qui deviendrait fatal aux producteurs ; par la seconde, elle arrête une hausse excessive qui serait fâcheuse pour les consommateurs. Dans l'agiotage, l'achat se fait avec l'intention de revendre au plus tôt; on traite le plus souvent à terme pour ne point employer de capital, on n'a pas la moindre intention de prendre livraison de la chose achetée ; d'autres fois on vend avec promesse de livrer ce qu'on ne possède pas, ce qu'on n'a même aucune prévision de posséder ; on compte que dans l'intervalle on pourra se liquider, par une opération contraire, à des prix dont la différence deviendra un profit; on se fie pour cela sur les événements fortuits, sur les chances des récoltes, sur les conséquences d'une nouvelle bonne ou mauvaise qu'on s'arrange même pour inventer et répandre au besoin. L'agioteur ne base en un mot son profit que sur la perte qu'il fait supporter aux autres. »

La dernière partie de cette définition, relative à l'agiotage est-elle bien exacte? Nous ne le pensons pas. Les faits que le savant économiste comprend dans les actes d'agiotage peuvent fort bien être des actes de spéculation. On peut vendre ce qu'on n'a pas sans être un agioteur; fonder une opération sur l'état des récoltes ou l'éventualité d'un événement, d'une nouvelle possible, sans que pour cela on cesse d'être un spéculateur honnête. L'agiotage comprend toujours un élément de fraude que Mirabeau signalait avec raison lorsqu'il le définissait, « l'étude et l'emploi des manœuvres les moins délicates pour produire des variations inattendues dans le prix des effets publics et tourner à son profit les dépouilles de ceux qu'on a séduits ou trompés[1]. » M. Guillard[2] exprime la même idée en remarquant que « la spéculation proprement dite cesse et que l'agiotage commence avec les manœuvres ayant pour but d'influencer les cours d'une manière favorable aux calculs des opérateurs », et il nous semble déterminer assez exactement les caractères distinctifs de la spéculation et de l'agiotage[3], en disant que « la spéculation de bourse est l'exercice libre et varié, mais loyal, de tous les moyens aptes à procurer, par la combinaison d'achats et de ventes, au comptant ou à terme, à la hausse ou à la baisse, des bénéfices aléatoires à l'opérateur, d'après les variations des cours abandonnés au hasard des événements; » et que l'agiotage est « la mise en action, *per fas et nefas*, de toutes les manœuvres propres à imprimer aux cours de la Bourse, une direction en rapport avec le but d'opérations aléatoires engagées ou méditées sur la hausse ou la baisse des valeurs[4]. »

1. *Dénonciation de l'agiotage au roi et à l'assemblée des notables,* par le c^{te} de MIRABEAU.
2. *Loc. cit.*, p. 515.
3. Page 517.
4. M. Naquet, dans son rapport à la chambre des députés (*Journal officiel,* août 1882, p. 2210), exprime à peu de chose près la même idée : « Sans doute, dit-il, des abus se

La différence entre la spéculation et l'agiotage, si peu sensible qu'elle soit, existe donc bien : elle réside surtout, il faut le reconnaître, dans la loyauté de l'agent. Toutes les fois que le spéculateur se borne à calculer les chances de gain et de perte d'après la prévision des événements que son expérience des hommes et des affaires lui permettent, il y a spéculation ; il y a au contraire agiotage quand le spéculateur se promet de diriger les événements *per fas et nefas*, comme dit M. Guillard, au gré de ses désirs.

Il semble donc, d'après les principes qui résultent des définitions ci-dessus, émanant de tant d'hommes dont la compétence ne peut faire doute, qu'il faille considérer comme agioteurs, ceux qui provoquent les mouvements des cours au moyen de faux bruits, d'accaparements de certains titres, etc. Ne faut-il pas aussi considérer comme des agioteurs ceux qui fondent des sociétés dans la constitution desquelles ils accumulent sciemment les irrégularités et deversent sur le marché des titres qui, n'ayant d'autre valeur que celle qu'ils leur donnent, représentent une créance à peu près illusoire? Cela ne nous paraît point douteux ; il n'y a pas là spéculation, mais quelque chose qui semble rentrer assez exactement dans la catégorie des actes que prévoit l'article 405 du code pénal.

IV.— Les faits de cette nature appellent l'attention du législateur qui doit sérieusement en tenir compte. En effet, ils ne constituent pas seulement des actes répréhensibles au point de vue de la morale, mais aussi un véritable danger économique et même social. Il faut veiller avec soin à ce que le mal ne prenne point une extension trop grande, et parce que la spéculation n'est, pas plus que toute autre chose humaine, exempte d'abus, il ne faut point laisser la vérité s'obscurcir et la fièvre de l'or étouffer les consciences. Comme l'a dit Proudhon [1] : « La spéculation ne pouvait échapper à la commune loi, et comme les pires abus sont ceux qui s'attachent aux meilleures choses, c'est sous le nom de spéculation que le parasitisme, l'intrigue, l'escroquerie, la concussion, dévorent la richesse publique et entretiennent la misère chronique du genre humain..... Recherché pour lui-même, indépendamment de la production spéculative, l'agio pour l'agio rentre dans la catégorie du pari et du jeu pour ne pas dire de l'escroquerie et du vol; il est illicite et immoral. La spéculation ainsi entendue n'est plus que l'art, toujours chanceux cependant, de s'enrichir sans travail, sans capital, sans commerce et sans génie, le secret de s'approprier la fortune publique ou

mêlent à l'usage, sans doute à côté du génie fécond qui spécule sur sa découverte, du commerçant audacieux qui, à ses risques et périls, prévoyant la disette, la prévient par d'immenses approvisionnements, du financier qui, précédant et attendant l'épargne, permet à l'État et aux grandes compagnies de placer leurs emprunts, et rend ainsi possible les grands travaux publics ; à côté de tous ces travailleurs, au sens général et élevé du mot, qui enrichissent leur pays et accroissent le bien-être commun, il y a le spéculateur de mauvaise foi, l'agioteur, qui, par des manœuvres frauduleuses, s'efforce d'édifier sa fortune sur la ruine de ses concitoyens. »

1. *Manuel du spéculateur*, p. 10.

celle des particuliers sans donner aucun équivalent en échange ; c'est le chancre de la production, la peste des sociétés et des États. »

Malheureusement, nous sommes à une époque où la spéculation a pris, sous l'empire des nécessités sociales et de l'extension des relations internationales, un développement trop considérable pour n'avoir pas eu comme corollaire un accroissement proportionnel de l'agiotage. Le cri indigné de l'écrivain socialiste, un de ceux qui ont le mieux compris le rôle de la spéculation moderne et son utilité, est encore aujourd'hui en situation. Il ne faut pas négliger de l'entendre et bien se garder de rien faire qu'on puisse prendre pour un encouragement donné à ceux qui, suivant les expressions de M. le procureur général Barbier, « dans les magnifiques développements de l'industrie, dans la fondation des grandes entreprises, dans le fonctionnement de nos institutions de crédit public, n'ont vu qu'une chose, la facilité de jouer et de gagner vite par l'abus des moyens que l'état de civilisation comporte. Ils sollicitent, ils font venir jusqu'à eux l'épargne de l'ouvrier, l'obole du serviteur, l'économie que l'habitant du village destinait à l'amélioration du champ paternel, et ces fruits respectables du travail vont se corrompre entre leurs mains quand ils ne disparaissent pas dans le gouffre de l'agiotage [1]. »

Les faits, si vigoureusement dépeints par l'honorable magistrat, aujourd'hui placé à la tête du premier parquet de France, constituent, avons-nous dit, un véritable péril social.

Certes la spéculation proprement dite, honnête et régulière, a ses inconvénients et ses dangers ; qu'un spéculateur se trompe dans ses prévisions, qu'il envisage d'une façon défectueuse l'aléa inhérent à toute opération à terme, il peut se ruiner lui et sa famille, et cette ruine avoir pour conséquence le déclassement d'un certain nombre d'individus, ce qui au point de vue social est toujours fâcheux ; mais si c'est là un inconvénient, il ne semble pas susceptible, en l'envisageant au point de vue de l'intérêt général, de balancer les avantages sociaux de la spéculation. Dans l'humanité, tout ce qui est susceptible de produire un bien, est aussi susceptible de procurer un mal ; pour apprécier l'utilité sociale d'une chose, décider si l'on doit la combattre ou la favoriser, il faut peser avec soin les avantages et les inconvénients qu'elle peut causer. On ne doit se prononcer contre elle qu'autant que la somme de mal qui peut en résulter est supérieure à la somme du bien. A côté des maux qu'elle peut produire, la spéculation offre un ensemble d'avantages sociaux qui l'emporte évidemment ; elle doit donc être favorisée, mais en même temps il faut autant que possible en combattre les inconvénients ; le principal est l'agiotage, c'est l'agiotage qu'il faut poursuivre.

Pour cela il n'est point nécessaire de réprouver les marchés à terme, de détruire un des instruments les plus puissants de la fortune publique, celui

---

1. Discours de rentrée prononcé par M. Barbier, alors avocat général à la cour de Paris, le 4 novembre 1861.

qui, dans notre société moderne, est devenu l'âme du commerce et de l'industrie. Proudhon lui-même, malgré sa haine des capitalistes, malgré les critiques qu'il adressait à notre organisme social, n'hésitait point à se prononcer en leur faveur. « Pour défendre les marchés à terme, disait-il dans son « Manuel du spéculateur à la bourse [1] », il faudrait arrêter les oscillations de l'offre et de la demande, c'est-à-dire, garantir à la fois au commerce la production, la qualité, le placement et l'invariabilité du prix des choses ; annuler toutes les conditions aléatoires de la production, de la circulation et de la consommation des richesses ; en un mot, supprimer toutes les causes qui excitent l'esprit d'entreprise ; chose impossible, contradictoire. » Plus loin il ajoute [2] : « Empêcher les marchés à terme, ce ne serait rien moins qu'empêcher le commerce, la circulation des capitaux et des produits ; de même que de vouloir empêcher l'abus de la propriété, ce serait supprimer la propriété elle-même. Pour atteindre l'abus sans compromettre l'institution, il faut un système de moyens qui impliquent toute une révolution de l'économie sociale. »

Au point de vue moral, l'agiotage qui tend à faire croire que la fortune n'est pas seulement la récompense d'un labeur patient ou des combinaisons savantes de l'intelligence et du travail, ne peut que produire des troubles profonds dans les esprits ; il amène avec le dégoût du travail, l'envie contre celui qui a été plus adroit ou plus heureux ; il en arrive même à émousser les consciences individuelles et le sens public, qui finit par ne plus discerner bien exactement ce qui est licite de ce qui côtoie le vol et l'escroquerie.

Au point de vue politique, il est susceptible d'attiser les haines sociales par les ruines qu'il cause. L'ouvrier, dont les économies lentement accumulées ont été engouffrées en un jour dans quelque coup de bourse, écoutera d'une oreille plus favorable les enseignements des réformateurs d'estaminet qui lui représentent le capitaliste comme un vampire qui suce son sang et se nourrit de sa sueur. Ignorant les finesses de la bourse, il s'est laissé attirer par le mirage d'un prospectus trompeur et en un jour le fruit de dix ou vingt ans de labeur est absorbé. Il faut avouer qu'en pareil cas la haine est quelque peu justifiée. Sans même aller si loin, les brusques variations de fortune qui du jour au lendemain plongent dans la misère des familles opulentes la veille, ne sont pas sans périls.

A ce double point de vue, le législateur est tenu de veiller : c'est un devoir auquel il ne saurait se soustraire ; autant il doit favoriser, par la liberté, la spéculation honnête, autant il doit s'efforcer de prévenir l'abus de la liberté en prenant des mesures légales nouvelles, si celles dont il dispose sont insuffisantes. D'un autre côté, au pouvoir exécutif incombe le devoir d'appliquer les lois actuelles et celles qui lui seront accordées. Il y a trop longtemps que les parquets restent immobiles en présence de ces in-

1. Page 37.
2. Page 79.

nombrables constitutions de sociétés dont la régularité n'est qu'apparente ; trop longtemps qu'ils gardent le silence en présence d'irrégularités qui côtoient l'escroquerie, de sorte que ceux qui les commettent peuvent fort bien croire qu'ils ne font rien d'illégal. La conscience publique s'altère lorsqu'elle voit les infractions à la loi rester impunies et on finit par s'excuser soi-même en invoquant l'exemple d'autrui. Il y a là un péril contre lequel le législateur doit s'efforcer de prémunir la société ; il faut qu'il mette entre les mains de la justice les moyens de faire respecter les lois et qu'il perfectionne ces dernières de façon à permettre aux juges de refréner des excès qui compromettent la probité sociale.

On soutient volontiers aujourd'hui que le législateur doit se conformer aux mœurs, plus fortes que la loi, et qu'il n'est pas un moraliste. En un certain sens il faut distinguer le moraliste du législateur ; celui-ci n'a point à rechercher le bien absolu ; « il étudie les mœurs, dans son étude il tient compte des défauts des hommes aussi bien que de leurs qualités ; il analyse les divers phénomènes sociaux dont il pèse les inconvénients et les avantages ; il recherche ce qu'il peut et ce qu'il ne peut pas empêcher ; *il s'efforce de régulariser la marche des sociétés en s'opposant au mal dans la limite du possible*[1], etc. »

Mais si le législateur n'est pas un moraliste, il n'est pas pour cela tenu de suivre les mœurs et l'usage dans leurs défaillances ; c'est au contraire un devoir pour lui de les combattre : il ne doit jamais faillir à la recherche des mesures susceptibles de perfectionner l'état social, de préserver les faibles et les ignorants contre l'astuce ou la violence. Si l'intérêt social exige une mesure, le législateur doit en prévoir les abus, s'enquérir des moyens de les détruire ou de les restreindre ; s'il ne peut y parvenir directement, il doit s'efforcer de trouver les voies détournées ; s'il ne peut empêcher l'effet, il doit atteindre la cause.

Les marchés à terme sont aujourd'hui un instrument indispensable à la spéculation qui est elle-même un puissant agent de l'enrichissement social ; il faut les légaliser, il faut réglementer la spéculation. C'est le meilleur moyen de combattre l'agiotage et de lui susciter de sérieux obstacles.

V. — Si de nos jours on reconnaît la différence qui sépare l'agiotage de la spéculation, cela n'a point été sans difficulté. Longtemps on a considéré tout acte de spéculation comme déshonnête, et nous ne sommes pas encore loin de l'époque où des hommes éclairés se voyaient obligés de réagir contre la tendance générale des esprits. Aujourd'hui encore, la confusion entre la spéculation et l'agiotage est fréquente : beaucoup de bons esprits voient avec défaveur tout ce qui, à la bourse, n'est pas la vente ou l'achat au comptant. Combien de gens instruits se demandent si, suivant l'expres-

1. M. Naquet, rapport du projet de loi sur les marchés à terme (*Journal officiel*, août 1882, p. 2212).

sion de M. Thiers [1], il peut y avoir à la bourse, un commerce légitime, auquel la société permette d'appliquer sa peine et son temps?

Ce sont là les derniers vestiges d'anciennes traditions. Longtemps les opérations de bourse ont été l'apanage exclusif d'une catégorie spéciale d'individus, qu'on voyait d'assez mauvais œil; longtemps même la majorité des gens de bourse a appartenu à la race juive qui, pendant des siècles, craignant toujours la proscription, n'osait acquérir la fortune immobilière et concentrait toute son activité sur le commerce et la banque.

Le spéculateur n'était pas pour la masse autre chose que l'agioteur; la plupart des capitaux, de ceux qu'on appelle aujourd'hui les capitaux de placement, s'éloignaient avec terreur des valeurs mobilières pour s'employer en immeubles et en hypothèques. Il n'y a pas plus d'une cinquantaine d'années qu'à la suite de la création des chemins de fer et des grands emprunts de l'État, s'est opérée la révolution qui a fait des valeurs mobilières la plus forte part de la fortune générale. Depuis cette époque seulement la spéculation s'est répandue et a cessé d'être renfermée entre les mains d'une sorte de caste. Il n'est donc pas étonnant que le vieux préjugé ait subsisté en partie chez une génération dont les ancêtres médiats ont connu les *accapareurs* et les *affameurs*. La confusion cessera d'autant moins de se produire dans l'esprit public qu'on verra l'agiotage dominer le marché entier et l'entraîner à sa suite comme il a fait de nos jours. Les catastrophes financières du genre de celles qui se sont produites au mois de janvier 1882 ne sont point propres à la faire disparaître et à étouffer les vieux préjugés.

D'ailleurs, l'erreur des gens du monde, la confusion entre l'agiotage et la spéculation et comme conséquence la réprobation qui frappe les marchés à terme, ont été en quelque sorte confirmées par la législation.

Les divers monuments qui subsistent en font foi.

VI. — Au temps de la Régence, alors que *le système* était dans toute sa splendeur, vers 1720, quand la France entière affolée par la soif de l'or, apportait à l'envi sa fortune à la rue Quincampoix; que la fièvre d'agiotage, corrompait les esprits et les cœurs et engendrait des crimes inconnus jusqu'alors, d'Aguesseau fit entendre, du fond de sa retraite de Fresne, une vigoureuse protestation contre les spéculateurs, n'hésitant point à déclarer que toute spéculation était illicite. C'est au nom de la morale outragée qu'il parle. « La rapidité des fortunes prodigieuses, dit-il, débauche ceux mêmes qui pourraient s'enrichir par d'autres voies plus honnêtes. Peu d'esprits sont d'une trempe assez forte pour résister à cette tentation; une journée d'agiotage est souvent plus lucrative que des années entières de peine et d'application dans les travaux pénibles des autres professions..... Rien n'est donc plus opposé à l'esprit des plus saints législateurs, aux vues des plus grands politiques, et, si on peut le dire, à la loi de Dieu même, qui a condamné l'homme à gagner son pain à la sueur de son front, que

---

1. *Du Droit de propriété*, p. 126.

d'introduire un nouveau genre d'industrie qui, sans peine, sans travail, sans application laborieuse, donne plus de richesses en un moment que les voies naturelles et ordinaires n'en donneraient en une année et souvent même en un siècle..... En sorte que les hommes de tous états et des conditions même les plus élevées, s'accoutument misérablement à se faire un jeu de se tromper mutuellement, de se tendre des pièges les uns aux autres, de répandre de faux bruits, d'inspirer tantôt des craintes vaines, tantôt des espérances imaginaires, de chercher par toutes sortes de voies à profiter de la crédulité des uns, de l'avidité des autres et de regarder les faiblesses ou les passions d'autrui comme les instruments de leur fortune [1]. »

On le voit, c'est l'agiotage que le grand chancelier flétrit dans cet éloquent réquisitoire et contre lequel il laisse éclater sa profonde indignation ; c'est au nom de la morale la plus élevée, qu'il parle, qu'il flétrit des agissements qui déshonoraient le royaume et qui soulevaient toutes les colères d'une âme intègre. Entre la spéculation telle qu'il la dépeint et les opérations au comptant, on ne concevait point alors d'intermédiaire ; la spéculation honnête et légitime que nous reconnaissons aujourd'hui n'était même pas soupçonnée. Les idées exprimées par d'Aguesseau sont les idées communes à tous les hommes honnêtes de son époque ; les nécessités économiques sont lettre morte pour eux, et ils n'admettent point qu'il y ait une spéculation qui puise sa légitimité dans les services qu'elle est susceptible de rendre au corps social : pour eux toute spéculation est nuisible, immorale et illicite.

Ces idées se reflètent dans l'arrêt du conseil du 24 septembre 1724. Le *système* vient de s'effondrer, on ne se rend pas bien compte des causes de la catastrophe, on ne garde aucune mesure. On ne s'enquiert point des causes qui ont produit la chute, on ne recherche pas si le *système* avait des défauts, on ne voit qu'une chose, l'agiotage ; il a causé tout le mal, on le prohibe, rien n'est plus simple.

Quoi qu'il en soit, l'arrêt de 1724 est des plus importants en matière de bourse, en ce qu'il organise tout un système dans lequel le législateur espérait trouver le remède aux désordres dont on venait de voir l'exemple. Il crée à Paris une bourse pour la négociation des lettres de change, billets au porteur et à ordre, papiers commerçables, marchandises et effets ; il institue la compagnie des agents de change et lui confère le privilège des négociations qui s'opèrent à la bourse afin d'éviter les ventes simulées auxquelles on attribuait le discrédit des effets publics ; il déclare nulle toute négociation d'effets publics qui serait opérée en dehors du ministère des agents de change, enfin il s'occupe des marchés à terme et les prohibe indirectement dans ses articles 29 et 30 dont le texte est ainsi conçu :

Art. 29. — A l'égard des négociations de papiers commerçables et autres effets, elles seront toujours faites par le ministère d'un agent de

---

1. Mémoire sur le commerce des actions de la Compagnie des Indes.

change ; à l'effet de quoi les particuliers qui voudront acheter ou vendre des papiers commerçables et autres effets remettront l'argent ou les effets aux agents de change, avant l'heure de la bourse, sur leurs reconnaissances portant promesse de leur en rendre compte dans le jour.

Art. 30. — Lorsque deux agents seront d'accord à la bourse d'une négociation, ils se donneront réciproquement leurs billets portant promesse de se fournir *dans le jour*, savoir : *par l'un les effets négociés et par l'autre le prix desdits effets.*

« Ces dispositions, dit M. Guillard[1], rendaient impossibles les opérations à découvert, puisque l'argent et les titres devaient être remis avant la négociation ; elles interdisaient même toute opération à terme, par l'obligation de livrer dans le jour. » Elles étaient dans tous les cas inspirées par les résultats du *système ;* on se disait que si les opérations sur les actions de la compagnie des Indes n'avaient pu se faire qu'au comptant, les ruines qui s'étaient produites auraient été impossibles et on en avait déduit qu'il suffisait d'empêcher les marchés à terme et les marchés à découvert. L'arrêt de 1724 est, comme le dit M. Troplong[2], un acte de réaction ; « on reconnaît là, dit-il, le caractère brusque et exagéré des mesures administratives sorties du ministère du cardinal Dubois. » C'était dans tous les cas une œuvre de circonstance, inspirée par l'esprit politique et économique de l'époque.

Il est aujourd'hui historiquement acquis que Law avait devancé son temps ; il avait le premier entrevu la puissance du crédit, qu'il chercha le premier à développer dans des proportions considérables ; le premier il comprit les grandes opérations financières, mais ses idées répandues dans un milieu inculte, n'y produisirent que des maux immédiats. Toutefois le germe était déposé dans un sol fécond, il devait se développer lentement et apporter plus de changements aux relations entre les puissances européennes que la découverte d'un Nouveau Monde. « Law ne fut pas, comme on l'a dit souvent, un aventurier venu en France pour profiter de la faiblesse du régent ; il fut le premier des financiers qui ait étudié avec attention les phénomènes et les causes de la production des richesses[3]. » Malheureusement c'était une sorte de précurseur, il arrivait trop tôt et ne produisait que la ruine, loin de donner naissance à la prospérité qu'il avait entrevue : son initiative engendra la fièvre de l'or et une spéculation effrénée que rien ne put enrayer. On ne vit que le résultat sans pouvoir ni vouloir pénétrer les causes et on érigea en axiome que toute spéculation, si restreinte qu'elle soit, est un mal, qu'il faut donc la combattre et la détruire. Ainsi s'explique l'arrêt de 1724.

Comme il arrive souvent des mesures d'expédient plutôt inspirées par les besoins d'un jour que par une véritable conception des choses, l'arrêt de 1724 ne fut guère exécuté. Bien que les transactions sur les effets publics fussent extrêmement restreintes en comparaison des développements

---

1. *Loc. cit.*, p. 111.
2. *Contrats aléatoires*, n° 104.
3. LEVASSEUR, *Étude du système de Law.*

qu'elles ont pris de nos jours, les opérations au comptant ne suffisaient pas aux besoins du marché. L'habitude de contracter à terme fut reprise et l'arrêt de 1724 devint en quelque temps lettre morte : il faut d'ailleurs remarquer qu'aucune autorité ne tenait la main à son exécution. Le gouvernement royal avait complètement oublié la bourse et les spéculateurs. Il s'en souvint tout d'un coup en 1785.

C'était sous le ministère de Calonne. Les embarras financiers qui ont précipité la chute de la royauté arrivaient à l'état aigu. Le contrôleur général s'ingéniait en vain à y remédier ; les difficultés du trésor, les premiers symptômes d'une banqueroute qui semblait imminente, enfin le malaise général qui précède toujours les grandes catastrophes, activaient d'une manière continue les ventes des effets royaux et comme conséquence la baisse des cours. M. de Calonne ne pouvait comprendre les causes de la dépréciation constante des effets publics ; il ne pouvait s'imaginer que ses plans financiers fussent incapables de restaurer les finances du royaume, et de ramener la confiance ; la dépréciation des cours ne pouvait à ses yeux avoir d'autre cause que les agissements coupables de la spéculation à la baisse. Il crut tout sauver en réclamant des mesures contre les baissiers. De là l'arrêt du conseil du 7 août 1785, dont l'article 7 « déclare nuls, les marchés et compromis d'effets royaux et autres quelconques qui se feraient à terme et sans livraison desdits effets ou sans le dépôt d'iceux, constaté par acte dûment contrôlé au moment même de la signature de l'engagement. Et néanmoins les marchés et compromis de ce genre qui auraient été faits avant la publication du présent arrêt, auront leur exécution sous la condition expresse de les faire contrôler par le premier commis des finances, dans la huitaine à compter de ladite publication et de livrer ou déposer par acte en bonne et due forme, dans l'espace de trois mois, les effets dont la livraison aurait été compromise ; passé lequel délai de trois mois, tous marchés et compromis d'effets livrables seront et demeureront nuls et comme non avenus. Défend très expressément Sa Majesté, d'en faire de semblables à l'avenir à peine de 24,000 livres d'amende, au profit du dénonciateur, et d'être exclus pour toujours de l'entrée de la bourse ; ou, si c'étaient des banquiers, d'être rayés de la liste. » Le préambule de l'arrêt laisse entrevoir la pensée de son auteur, il indique bien ce qu'on se propose de combattre. « Le roi est informé, y lit-on, que depuis quelque temps, il s'est introduit dans la capitale, un genre de marchés et de compromis aussi dangereux pour les vendeurs que pour les acheteurs, par lesquels l'un s'engage à fournir à des termes éloignés des effets qu'il n'a pas et l'autre se soumet à les payer sans en avoir les fonds, avec réserve de pouvoir exiger la livraison avant l'échéance, moyennant l'escompte ; que ces engagements dépourvus de causes et de réalité, n'ont, suivant la loi aucune valeur et occasionnent une infinité de manœuvres insidieuses, *tendent à dénaturer momentanément le cours des effets publics, à donner aux uns une valeur exagérée et à faire des autres un emploi capable de les décrier.* »

Il est à remarquer que l'arrêt de 1785 diffère considérablement de l'arrêt de

1724. En réalité l'arrêt de 1785 ne prohibe que les ventes à découvert et laisse de côté les achats opérés dans les mêmes conditions. Faut-il avec certains auteurs voir dans cette différence entre les deux arrêts une disposition intentionnelle motivée par le désir de frapper la spéculation à la baisse qui entravait continuellement les projets du ministre et de favoriser en même temps la spéculation à la hausse en lui facilitant les achats propres à relever les cours. Faut-il y voir au contraire une simple insuffisance de rédaction? Les deux hypothèses sont admissibles. D'une part il est certain qu'au moment où intervint l'arrêt de 1785, la spéculation avait commis des abus considérables; « on avait vu, dit M. Guillard[1], des spéculateurs vendre et acheter plus d'effets publics qu'il n'en existait réellement; » et il était naturel que le conseil du roi s'émût et qu'il fît tous ses efforts pour empêcher un désordre aussi complet. Mais il ne faut pas non plus oublier les circonstances dans lesquelles l'arrêt intervint, non plus que les idées économiques alors répandues.

Les meilleurs esprits considéraient la dépréciation des fonds publics comme le résultat des opérations à la baisse et comme l'œuvre des spéculateurs; aussi est-il admissible que le contrôleur général ait cherché tous les moyens d'enrayer la spéculation à la baisse, et qu'il ait cru y réussir en proscrivant les ventes à découvert, tandis qu'en laissant libre les achats opérés dans les mêmes conditions il ait pensé favoriser la hausse.

Quoi qu'il en soit, l'arrêt du 7 août 1785 fut suivi, à moins de deux mois, d'un nouvel arrêt : « Le roi avait constaté, pour emprunter les termes des motifs, qu'il s'était produit un moment de langueur dans la circulation, une sorte de stagnation sur la place et la dépression momentanée de quelques effets. » Aussi tout en maintenant l'article 7 de l'arrêt du 7 août précédent, l'arrêt du 2 octobre 1785 (art. 6) déclare qu'il « pourra être suppléé au dépôt de titres par ceux qui étant constamment propriétaires des effets qu'ils voudraient vendre et ne les ayant pas entre les mains, déposeraient chez un notaire les pièces probantes de leur libre propriété. »

Ce nouvel arrêt constitue incontestablement un pas en avant, une concession faite aux nécessités commerciales; les ventes à terme prohibées d'une façon absolue par l'arrêt d'août 1785 deviennent licites pourvu qu'elles ne soient point faites à découvert; que le vendeur ne vende que ce dont il est propriétaire et établisse ses droits de propriété.

Le 22 septembre 1786, autre arrêt; les mesures prescrites étaient restées sans effet, la spéculation les avait tournées : « Les défenses portées par l'arrêt du 7 août 1785 ont, à la vérité, anéanti l'usage de ces compromis illusoires, inventés par la cupidité et qui présentaient des pièges à la bonne foi, des ressources à l'intrigue et des écueils à tous les gens avides de fortune; mais l'intérêt toujours ingénieux à s'affranchir de ce qui le captive, a trouvé moyen d'éluder le règlement qui interdit tout marché d'effets royaux et publics sans livraison ou dépôt réel des objets vendus; des recon-

1. *Loc. cit.*, p. 15.

naissances concertées, des déclarations annulées par contre-lettres et des dépôts fictifs, voilent aujourd'hui les contraventions et rendent fort difficile d'en découvrir la trame. Sa Majesté, instruite des abus qui se perpétuent à l'aide de ces divers déguisements, a jugé à propos, pour y apporter un nouvel obstacle, d'ajouter aux prohibitions précédentes, celle de ne faire à l'avenir aucuns marchés d'effets ayant cours à la bourse, dont la livraison se trouverait différée au delà d'un terme qu'elle a fixé d'après ce qui s'observe dans les plus grandes places de commerce des pays étrangers. » L'arrêt fondé sur ces motifs, réduisait à deux mois le terme maximum dans lesquels la livraison pouvait être effectuée ; tout délai plus étendu comportait la nullité du marché.

Nous arrivons enfin au dernier monument législatif de l'ancienne monarchie. Tous les efforts ont été vains, la spéculation se développe de jour en jour. « Sa Majesté, informée que l'agiotage qu'elle avait voulu réprimer, se perpétue et s'étend encore tous les jours, a cru devoir changer quelques dispositions des précédents arrêts et en ajouter d'autres qui allassent autant que possible à la source du mal et en prévinssent encore plus certainement les suites... afin d'ôter aux spéculations toute facilité et aliment... Sa Majesté, ayant considéré que l'agiotage portait principalement sur les papiers et les effets des compagnies particulières dont les profits incertains et calculés d'après la seule avidité donnent lieu à des spéculations hasardées, a jugé utile de restreindre dans de justes bornes la négociation de ces papiers. » Dans ce but l'arrêt du 14 juillet 1787 renouvelle les prohibitions antérieures et augmente les pénalités contre les contrevenants.

Avec cet arrêt de 1787, nous sommes parvenus à la fin de la monarchie absolue ; celle-ci a, en vain épuisé contre l'agiotage et la spéculation, confondus dans une même réprobation, toutes les ressources législatives ; elle n'a pu les dominer et les détruire ; à peine a-t-elle réussi à leur créer des entraves.

VII. — Au moment où va éclater la Révolution, les marchés au comptant, sont seuls admis sans conteste. Les marchés à terme ne sont plus prohibés ; « ils sont licites à deux mois de date et reconnus légalement mais à la condition que le vendeur livrera au moment de la convention, entre les mains de l'acheteur et par l'intermédiaire d'un agent de change, les effets, ou un acte authentique constatant leur consignation dans un dépôt, ou du moins que le vendeur remettra chez un notaire les pièces probantes de la propriété. La violation de ces conditions entraîne, outre la nullité des négociations des pénalités contre les contrevenants [1]. » Quant aux achats à terme, il semble qu'aucune condition spéciale ne leur soit imposée et que les arrêts du conseil ne s'en soient point occupé ; aussi M. Guillard, est-il d'avis (p. 122), que dès 1785, les ventes à découvert sont défendues et les achats à découvert complètement libres.

---

1. M. GUILLARD, *loc. cit.*, p. 121 et 122.

La lutte entre la spéculation et la monarchie avait été des plus vives. Persuadé que la spéculation à la baisse précipitait la ruine des finances publiques, le pouvoir multipliait ses coups sans se rendre compte de leur impuissance et sans comprendre surtout pourquoi ils ne portaient pas. Imbus de l'idée fausse qu'on peut à volonté produire la hausse des fonds publics et que la baisse n'a d'autre cause que les agissements des spéculateurs, les ministres royaux luttaient de leur mieux, sans tenir compte des causes profondes qui produisaient la dépression du crédit public, au moment où la vieille monarchie allait s'effondrer dans une catastrophe inconnue jusque-là. A leurs yeux les spéculateurs à la baisse étaient de mauvais citoyens, auteurs de tout le mal et qu'il était méritoire de poursuivre ; leur manière de voir à cet égard était d'ailleurs généralement partagée ; c'était un préjugé que la Révolution ne fit point disparaître et dont elle fut elle-même imbue comme les documents législatifs de cette époque en font foi.

La prospérité financière ne fut point le propre de la période révolutionnaire. Les époques de bouleversement ne sont point favorables au développement du crédit et les événements de la Révolution n'étaient point faits pour permettre le relèvement des finances publiques. Il est facile de comprendre qu'alors que la guerre gronde aux fontières où foule le sol national, qu'alors qu'à l'intérieur la guerre civile s'allume sur divers points, que toutes les institutions subissent un travail de rénovation, que le gouvernement est instable et sans lendemain, la confiance nécessaire aux développements du crédit, à la hausse des valeurs publiques et à la circulation du numéraire, n'existe pas. Aussi la Révolution eut-elle à traverser les plus grandes difficultés financières ; pour subvenir aux besoins du trésor, elle dut recourir aux émissions considérables d'assignats que chacun sait. Sous l'influence des événements le numéraire se cachant, ceux qui le détenaient n'osant le laisser soupçonner de peur de passer pour des accapareurs, ce qui équivalait alors à un arrêt de mort, la valeur des monnaies devint excessive, tandis que les assignats se dépréciaient chaque jour en raison même du prix qu'atteignaient l'or et l'argent. Aux prises avec les mêmes difficultés que la monarchie, la Convention s'efforça de les vaincre par les mêmes moyens : elle attribua tout le mal à la spéculation qui profitait des circonstances et de la différence de valeur entre les monnaies et les assignats et elle recommença la lutte dans laquelle l'ancienne monarchie s'était épuisée. Comme la royauté, elle s'imagina qu'elle pouvait, en poursuivant les spéculateurs à la baisse, paralyser la baisse elle-même et relever le crédit public.

La Convention, lorsqu'elle avait un but, ne regardait pas plus que de raison aux moyens de l'atteindre, et ne se faisait aucun scrupule de frapper et de frapper fort. La loi du 13 fructidor an III en serait une preuve s'il en était besoin.

Art. 1ᵉʳ.— Il est défendu à tout individu, à Paris et dans toutes les places de commerce où il y a une bourse, de vendre de l'or et de l'argent, soit monnayé, soit en barres, en lingots ou ouvrés, ou de faire des marchés qui auraient ces matières pour objet sur les places et dans les lieux publics autres

que la bourse. *Tout contrevenant sera condamné à deux années de détention,
à l'exposition en public, avec écriteau sur la poitrine portant ce mot :* AGIOTEUR,
et tous ses biens seront, par le même jugement, confisqués au profit de la
République.

Art. 3. — Tout homme qui sera convaincu d'avoir vendu des marchandises et effets dont, *au moment de la vente*, il ne *serait pas* propriétaire, est
aussi déclaré agioteur, et doit être puni comme tel.

A l'époque où cette loi est décrétée, les assignats sont en baisse, l'or fait
prime et l'on peut déjà prévoir le moment où la dépréciation sera complète;
chaque jour elle fait de nouveau progrès. Aussi est-ce contre les vendeurs
d'or et d'argent que la loi du 13 fructidor est principalement dirigée; elle
les vise dans son article premier et il semble que, si elle envisage encore les
marchés à terme et les réprouve (art. 3), ce ne soit que par une sorte d'habitude et parce qu'il est de tradition que les ventes et les achats à terme
favorisent l'agiotage.

Postérieurement, le 1er vendémiaire an IV, la Convention décrétait une
loi sur la police de la bourse et elle y visait encore les agioteurs et les marchés à terme. « Considérant que celui-là est *agioteur criminel*, qui, par
choix, met son intérêt en compromis avec son devoir, en faisant des opérations d'une nature telle, qu'elles ne peuvent lui rapporter quelque bénéfice
qu'au détriment de la chose publique; que tel est le cas de celui qui achète
à terme des matières ou espèces métalliques dans la coupable espérance
que le jour où le marché se réalisera, les espèces auront haussé de valeur
et que la monnaie nationale aura perdu de la sienne..... que celui qui vend
à terme, sans avoir des intentions aussi blâmables s'expose par son imprudence à produire les mêmes effets. » En conséquence la loi dispose : « Art. 15.
Il est défendu à toute personne de vendre ou d'acheter, ni de prêter son
ministère pour aucune vente ou achat de matières ou espèces métalliques
à terme ou à prime; aucune vente de ces matières ne peut avoir lieu qu'au
comptant, de telle sorte que les objets vendus devront être livrés et payés
dans les 24 heures qui suivront la vente.... » — « Art. 16. Toute contravention à l'article précédent sera regardée comme agiotage. Les contrevenants seront punis suivant les peines infligées aux agioteurs par la loi du
13 fructidor an III; les marchés qui reposeraient sur ces contraventions,
annulés; leur produit confisqué au profit entier des citoyens zélés qui auront
dénoncé et fait connaître la contravention à la loi. »

Sous le Directoire, la prohibition continue; l'arrêté du 2 ventôse an IV,
sur le règlement de la bourse, dispose (art. 2) « que nul ne pourra y vendre
ou échanger des matières ou espèces métalliques, ni des assignats et faire
aucun traité y relatif, si, conformément au vœu de la loi du 13 fructidor, il
ne justifie qu'il est actuellement possesseur des objets à vendre ou à échanger, et ce par la production d'un certificat de dépôt desdits objets, soit chez
un des vingt agents de change, soit chez un des notaires publics du canton
de Paris. — Art. 3. « L'annonce qui se fait à haute voix de chaque marché
conclu par un des agents de change, comprendra le nom et le domicile du

dépositaire de la chose vendue et il en sera fait mention sur le registre tenu par l'écrivain crieur et dont un double remis, chaque jour au bureau central, mettra cette administration à portée de vérifier la réalité du droit et surtout s'il y a eu tradition de l'objet vendu dans les vingt-quatre heures. »

VIII.— Telle était l'état de la législation lorsque le consulat réorganisa les bourses de commerce par la loi du 28 ventôse an IX, qui, entre autres dispositions, chargeait le gouvernement de faire un règlement d'administration publique pour la police des bourses de commerce ; ce règlement fut donné par l'arrêté des consuls du 27 prairial an X, dont l'article 13 dispose que : « Chaque agent de change devant avoir reçu de ses clients les effets qu'il vend, ou les sommes nécessaires pour payer ceux qu'il achète, est responsable de la livraison et du payement de ce qu'il aura vendu et acheté ; son cautionnement sera affecté à cette garantie, et *sera saisissable en cas de non consommation dans l'intervalle d'une bourse à l'autre*, sauf le délai nécessaire au transfert des rentes ou autres effets publics, dont la remise exige des formalités. »

L'arrêté du 27 prairial an X ne prohibe donc point d'une manière expresse les marchés à terme ; le fait-il implicitement ? Sur ce point les auteurs se divisent. M. Bozérian[1] estime que l'arrêté du 27 prairial confirme les prohibitions de l'arrêt de 1724. Si l'agent doit avoir reçu de son client « les effets qu'il vend ou les sommes nécessaires pour payer ceux qu'il achète » et si la consommation du marché doit avoir lieu d'une bourse à l'autre, toute opération à terme est impossible ; d'un autre côté si les opérations au comptant sont seules permises et que l'agent ne doive exécuter aucun ordre avant la remise préalable des titres ou des fonds, il est tout simple qu'en cas d'infraction, il soit responsable de la livraison et du payement.

M. Guillard (p. 133) exprime une opinion contraire. Il remarque d'abord que l'arrêté de prairial est le premier document législatif du droit intermédiaire qui fasse allusion aux effets publics ; et se place ensuite en face des circonstances dans lesquelles l'arrêté a été pris. « Sous le consulat, dit-il, les temps étaient déjà meilleurs, les esprits plus calmes, la main dirigeante du futur César plus modérée. En l'an X d'ailleurs, la négociation des effets était très restreinte et l'agiotage avait bien diminué depuis que les assignats avaient perdu à peu près toute valeur et que l'horizon politique de la France se dessinait sous de moins sombres couleurs. En l'absence d'aucune disposition législative récente qui réglât les marchés à terme sur les effets, on devait les considérer comme étant encore sous le coup des derniers arrêts du conseil du roi ; les vendeurs étaient astreints à l'obligation de prouver leur propriété sans que les acheteurs eussent à faire la même justification. Dans cette situation le premier consul ne pouvait songer à revenir aux mesures de proscription de 1724 et de l'an IV que rien n'eut expliquées, et qui n'auraient pas même eu pour excuses les malheurs des

1. *La Bourse*, n° 2825.

temps ou les pressantes nécessités du trésor. » M. Guillard reconnaît toutefois que le gouvernement consulaire n'a pas voulu rester désarmé ; l'arrêté de prairial avait selon lui, pour but de rappeler aux habitués de la bourse que les ventes fictives restaient toujours défendues et même que les achats à découvert ne seraient plus autorisés désormais. La seule précaution qu'il prend consiste à rendre l'agent de change responsable, précaution qu'on peut à bon droit regarder comme plus efficace que toutes celles que, jusqu'à ce jour, on avait directement opposées aux spéculateurs.

Entre ces deux opinions, nous admettrons volontiers que celle de M. Bozérian est la plus conforme à l'esprit de la législation du consulat. Cela nous paraît résulter des considérations suivantes :

L'arrêté de l'an X est pris en exécution de la loi du 28 ventôse an IX, qui réorganise les charges d'agents de change et s'efforce de moraliser la bourse, comme elle en proclame hautement la volonté. « Toutes les bourses de commerce, disait Regnault de Saint-Jean d'Angély dans l'exposé des motifs de la loi du 28 ventôse an IX, offrent le spectacle décourageant du mélange des hommes instruits et probes avec une foule d'agents de change et de commerce qui n'ont pour vocation que le besoin, pour guide que l'avidité, pour instruction que la lecture des affiches, pour frein que la peur de la justice, pour ressource que la fuite et la banqueroute. Le crédit public et particulier est arrêté dans son essor, contrarié dans ses développements par la composition scandaleuse et effrayante de cette masse d'agents de la bourse qui, à Paris, sont au nombre de six cents et plus ; qui, à Paris comme dans les départements, se rendent arbitres *des cours en vendant et en achetant ce qu'ils n'ont pas*, peut-être ce que personne n'a, ce qu'ils savent ne pouvoir livrer, ce qu'ils savent bien plus sûrement ne pouvoir payer. »

Il faut aussi tenir compte de la manière dont on envisageait alors, non pas seulement la spéculation proprement dite, mais le seul fait de trafiquer habituellement des effets publics ; la majeure partie des transactions portait sur les immeubles ; celles qui avaient pour objet les valeurs mobilières étaient l'exception à tel point que le code civil ne s'en préoccupe guère, et l'on ne voyait dans la spéculation, quelque honnête et légitime qu'elle fût, qu'un moyen irrégulier d'acquérir la fortune. On ne la distinguait guère de l'agiotage et, dans tous les cas, on ne la jugeait digne d'aucune protection légale.

Enfin le premier consul, inspirateur de toute la législation du consulat, avait en médiocre estime les spéculateurs et était imbu des préjugés de son époque, comme suffit à en témoigner la conversation qu'il eut à la Malmaison en juin 1801 avec le comte Mollien et que ce dernier nous a conservée dans ses Mémoires.

Il nous semble donc que l'arrêté du 27 prairial an X réprouvait dans son esprit les marchés à terme et que s'il ne s'exprimait pas expressément à cet égard, la prohibition n'en ressortait pas moins de ses dispositions. Ce n'est, il est vrai, pas là l'interprétation qui lui a été donnée par la jurisprudence, mais on peut se demander si les tribunaux n'ont pas cédé, plutôt à

la pression des faits et des nécessités économiques qu'interprété stricte-
ment le texte législatif.

Le droit intermédiaire comme l'ancien droit ont donc réprouvé d'une
manière constante le marché à terme. Il nous reste, pour terminer notre
étude de la législation, à examiner au même point de vue le droit moderne.
Depuis la fin de la période du droit intermédiaire, aucune loi spéciale n'ayant
été promulguée sur les opérations de bourse en général et les marchés à
terme en particulier, les seules dispositions qui leur soient applicables se
rencontrent dans les codes.

La jurisprudence a mis au nombre de ces dispositions les articles 1965 et
1967 qui appartiennent au titre des contrats aléatoires. On sait qu'aux termes
de l'article 1965 du code civil « la loi n'accorde aucune action pour une
dette de jeu ou pour le payement d'un pari ; » et que l'article 1967 déclare
que : « dans aucun cas le perdant ne peut répéter ce qu'il a volontairement
payé, à moins qu'il n'y ait eu de la part du gagnant, dol, supercherie ou
escroquerie. » En ajoutant à ces deux articles les articles 421 et 422 du
code pénal et les articles 85, 86 et 90 du code de commerce, on a l'ensemble
des textes qui, dans le droit moderne, ont servi de base à la jurisprudence
relative aux marchés à terme.

Parmi ces derniers, les articles 421 et 422 du code pénal sont les seuls
dont l'application directe aux opérations à terme ne soit pas discutable.

Aux termes de l'article 421 « les paris qui auront été faits sur la hausse
ou sur la baisse des effets publics seront punis des peines portées par l'article 419 » et l'article 422 définissant le pari prévu et puni par l'article 421,
déclare qu'il faut entendre par là, « toute convention de vendre ou de livrer
des effets publics qui ne seront pas prouvés par le vendeur avoir existé à
sa disposition au temps de la convention, ou avoir dû s'y trouver au temps
de la livraison. »

Il n'y a là, on doit le reconnaître, aucune prohibition du marché à terme ;
tout au contraire, le code pénal n'interdit que les marchés fictifs, car le marché à terme sérieux suppose nécessairement que la chose vendue sera à la
disposition du vendeur au moment de la livraison ; en proscrivant les marchés dans lesquels il n'en serait pas ainsi, l'article 422 reconnaît implicitement que le marché à terme dans lequel le vendeur a ou devra avoir la
chose lors de la liquidation, est parfaitement licite. C'est d'ailleurs, comme
on va le voir, ce que la jurisprudence a admis.

Les articles du code de commerce qui peuvent s'appliquer aux négociations des valeurs de bourse, révèlent à la simple lecture qu'ils ne contiennent
aucune prohibition directe des marchés à terme. On peut bien soutenir et
l'on a soutenu que l'article 85, en défendant à l'agent de change de « recevoir
ou de payer pour le compte de ses commettants » et l'article 86 en lui in-
terdisant « de se porter garant de l'exécution des marchés dans lesquels il
s'entremet, » rendent impossibles les opérations à terme et par conséquent
les prohibent indirectement. Mais c'est là dans tous les cas une prohibition
implicite et qui résulterait plutôt de l'impossibilité de procéder à des négo-

ciations à terme en observant les dispositions des articles invoqués, que d'une prescription du texte. Enfin si l'article 90 promettait un règlement d'administration public applicable aux négociations de bourse, ce règlement n'a jamais été fait.

IX.— La législation moderne n'offre donc jusqu'à ce jour aucun monument qui puisse être considéré comme prohibant les marchés à terme pourvu qu'ils soient conclus sous certaines conditions. Elle en reconnaît la validité lorsqu'ils ont pour objet l'échange réel des valeurs et ne se résolvent pas en un simple payement de différences. Dans ce dernier cas seulement il semble qu'on doive décider que les marchés à terme tombent sous le coup des articles 421 et 422 du code pénal. Ce n'a point été sans difficultés, cependant.

La législation n'a pas paru aux tribunaux offrir des éléments de décision suffisamment certains pour qu'une jurisprudence invariable ait pu être déterminée. Dans la première période du droit moderne et dans les années qui ont immédiatement suivi la rédaction des codes, la validité des marchés à terme a été admise, alors même qu'ils étaient faits à découvert. Dans une seconde période la jurisprudence se modifia brusquement du tout au tout et déclara nuls tous les marchés à terme faits à découvert c'est-à-dire la presque totalité des opérations de cette nature (1823-1832). A partir de 1832 cette jurisprudence s'amenda ; une distinction fut faite entre la vente et l'achat : les tribunaux prononçaient la nullité des marchés à terme lorsqu'ils se trouvaient en présence de vendeurs qui n'avaient pas à l'avance déposé leurs titres, mais reconnaissaient au contraire qu'aucune loi ne prohibait l'achat de valeurs sans dépôt préalable des sommes à payer (1832-1847). Enfin depuis 1847 les tribunaux déclarent que les marchés à terme, même faits à découvert, ne sont pas prohibés par nos lois, mais que si, sous cette apparence, se déguise un véritable jeu ou pari, toute action en justice doit être refusée et cela par application des articles 1965 et 1967 du code civil. En d'autres termes, la jurisprudence admet que, lorsque le marché à terme dégénère en opération de jeu ou de pari, l'*exception de jeu* peut être opposée soit entre agents de change, soit entre les agents de change et leurs clients.

En fait, l'exception de jeu n'est guère invoquée que par les clients contre l'agent de change. A l'époque de la liquidation, le client acheteur ne réclame pas la livraison ou le vendeur ne livre pas les titres ; l'agent de change revend alors d'office les titres qu'il a achetés ou les rachète aux frais du client et si, par suite des variations des cours, l'opération, exécutée d'office, se solde par une différence au préjudice de l'agent de change, celui-ci en réclame le payement au client. C'est alors que ce dernier oppose l'exception de jeu, c'est-à-dire prétend que s'étant livré à un pari, à un jeu sur les effets publics, il n'est point tenu de supporter les conséquences de l'acte illégal qu'il a commis et de payer la perte qu'il a faite.

Dans son premier état, la jurisprudence n'admettait point que le client pût invoquer contre l'agent de change l'exception de l'article 1965. A l'époque où le code civil était seul promulgué, avant que les articles 421 et 422 aient reconnu la validité du marché à terme sous certaines conditions, la cour de Paris dans un arrêt du 13 fructidor an XIII (31 août 1805)[1] déclarait que les agents de change opérant pour leur client, n'agissant pas pour leur compte personnel, « étant responsables, aux termes des règlements, de la livraison et du payement de ce qu'ils ont vendu et acheté, il est contre toute raison et toute justice, lorsqu'en vertu de cette responsabilité ils ont payé ou livré ce qu'ils n'avaient pas reçu de leur commettant, de leur refuser contre celui-ci le recours qui appartient à tout garanti contre le garant et particulièrement aux commissionnaires en matière de commerce contre ceux dont ils ont exécuté les ordres. » — Dans cet arrêt la cour de Paris considérait donc l'agent de change comme un mandataire, comme un commissionnaire et faisait à la cause l'application des principes qui avaient été posés dans l'article 1999 du code civil aux termes duquel « le mandant doit rembourser au mandataire les avances et frais que celui-ci a faits pour l'exécution du mandat; » principes qu'allaient consacrer au profit des commissionnaires les articles 94 et 95 du code de commerce. Cette théorie, qui considérait l'agent de change, dans ses rapports avec son client, comme un mandataire ordinaire et le faisait bénéficier des règles du mandat, fut adoptée par la cour de cassation après la promulgation des codes de commerce et pénal, c'est-à-dire alors que la législation avait atteint l'état dans lequel nous la trouvons encore aujourd'hui. Dans un arrêt du 22 juin 1814 la cour suprême s'exprimait ainsi qu'il suit[2] : « Considérant sur le premier et le deuxième moyens, que l'arrêt du 18 septembre 1812 juge en fait que Bresson, agent de change, a acheté les rentes en question par ordre et pour compte de Jacques; qu'il a également revendu la première partie desdites rentes par ordre et pour compte de ce client; que, quant à la seconde partie, il a été dans la nécessité de la revendre pour compte de Jacques, et à ses risques, faute audit Jacques de lui avoir remis les fonds nécessaires pour la payer; que dès lors on ne peut dire que l'agent de change Bresson ait fait des négociations pour son compte et qu'il ait vendu à terme ; en sorte que les lois invoquées sont sans application à l'espèce ; — Considérant, sur le troisième moyen, que l'arrêt, en jugeant comme le tribunal de première instance que Bresson n'avait agi que comme agent de change, comme mandataire de son client (d'où il résulte qu'il n'y avait à régler entre eux que le compte d'exécution de ce mandat), n'avait point à s'occuper de la nullité objectée contre les marchés, objection qui n'était fondée que sur la supposition que c'était Bresson qui avait vendu à Jacques et qu'il lui avait vendu à terme[3]. »

Cet arrêt il est vrai, laisse de côté la question de la validité des marchés à terme ; la cour suprême ne l'examine pas et on pourrait, à défaut d'autre monument de jurisprudence appartenant à cette période, se demander si les tribunaux les considéraient alors comme licites. Mais un jugement du

1. Affaire Soubeiran C. Pissour.
2. Affaire Jacques C. Bresson.
3. Voir aussi un arrêt de la cour de Paris du 29 mai 1810 (Delattre C. Portau).

tribunal de la Seine du 2 janvier 1810, confirmé par un arrêt de la cour de Paris du 29 mai suivant, reconnaissait qu'il n'existe « aucune loi en vigueur qui proscrive les marchés à terme. » Telle est la jurisprudence qui se perpétua jusqu'en 1823.

A cette époque, un arrêt de la cour de Paris s'appuyant sur les arrêts du conseil de 1724, 1785, 1786 et l'arrêté du 27 prairial an X, déclara que l'agent de change, devant être nanti des titres ou de l'argent, n'avait aucune action contre son client.

Les motifs de ce revirement sont fondés sur la nécessité d'interdire dans l'intérêt public les opérations fictives qui, reposant sur des effets et des moyens de payement imaginaires, dégénèrent en jeux et en paris et mettent en péril la fortune publique et privée. On reconnaît bien encore que les principes du mandat sont applicables aux agents de change, mais on juge qu'ils n'ont nul besoin de les invoquer puisque, devant avoir reçu les effets ou l'argent nécessaire à la négociation qu'ils se chargent d'effectuer, ils ne sauraient avoir aucune action à exercer à l'occasion de leur mandat.

La décision la plus célèbre de cette période est l'arrêt Perdonnet contre Forbin-Janson, rendu par la cour de cassation le 11 août 1824. Cet arrêt, au rapport de M. Zangiacomi, rappelle en débutant que les anciens arrêts du conseil des 7 août, 2 octobre 1785 et 22 septembre 1786, déclarent nuls les marchés à terme d'effets publics lorsque le dépôt de ces effets ou les formalités qui peuvent y suppléer aux termes desdits règlements, n'ont pas été exécutés, et décide que la prohibition a été maintenue par la loi du 28 vendémiaire an IV. Il établit ensuite que ces textes n'ont point été abrogés soit par désuétude, soit par l'article 90 du code de commerce ou l'article 422 du code pénal. Ces principes posés, l'arrêt poursuit dans les termes suivants qu'en raison de son importance nous croyons devoir reproduire intégraement.

« Considérant, dans l'espèce, qu'en faisant à terme les 150,000 francs de rente dont il s'agit, les parties ne se sont pas conformées aux dispositions des arrêts du conseil de 1785 et 1786 ; et, de plus, que la cour royale a jugé d'après les faits qu'elle avait seule droit d'apprécier et qui ne peuvent plus, dès lors, être mis en discussion, que cet acte n'était pas sérieux ; que Perdonnet n'avait pas réellement acquis pour son client une pareille partie de rentes et qu'il n'ignorait pas que l'intention de Forbin-Janson était seulement de jouer sur des différences de cours ; qu'il résulte de ces faits, des lois ci-dessus rappelées et de l'article 1965 du code civil, que le marché passé entre les parties, et par suite, que tous les actes auxquels il a donné lieu sont illicites et nuls ; — Qu'il n'est pas plus permis aux agents de change de concourir à des opérations de ce genre, qu'à une des parties d'en profiter au préjudice de l'autre ; que les agents de change ne peuvent pas plus que leurs clients demander aux tribunaux l'exécution de ces actes et, par conséquent, qu'en déclarant non recevable la demande du sieur Perdonnet, la cour royale s'est conformée aux lois de la matière.... »

C'est dans cette phase de la jurisprudence et dans cet arrêt de 1824

qu'on voit faire pour la première fois l'application de l'article 1965 aux opérations de bourse. En lisant l'arrêt de la cour suprême comme ceux de la
cour de Paris du 18 février et du 10 avril 1823, on sent que les magistrats,
qui ont rédigé ces décisions, sont imbus de l'idée que les opérations qui
ont donné naissance au litige, sont de véritables jeux, et que c'est là le
propre de toutes les opérations de bourse qui ne sont point faites au comptant. Ils ne voient point dans les marchés à terme un acte licite, résultat du
calcul, de la science, des événements et des besoins sociaux, mais des actes
d'une immoralité flagrante contre lesquels leur conscience se soulève ; ils
croient de leur devoir de les proscrire et de refuser toute protection à ceux
qui s'y sont livrés. Cette manière de voir des magistrats de la Restauration
s'explique sans peine et on comprend, jusqu'à un certain point, à l'examen
des faits et avec les idées qui alors avaient cours, que la magistrature qui
s'est toujours considérée comme la gardienne des mœurs publiques, ait cru
devoir flétrir les opérations à terme.

Il faut le reconnaître, l'état du marché n'était point fait pour plaire aux
moralistes un peu sévères. A la suite des événements de 1814 et 1815, le
gouvernement de la Restauration avait dû traiter avec les grandes maisons
de banque des emprunts qu'il avait dû faire pour subvenir au payement de
l'indemnité de guerre imposée par les alliés et aux besoins du trésor épuisé
par les désastres des armées impériales ; ces maisons avaient pris terme et
n'avaient émis les titres de l'emprunt que successivement et suivant les
besoins des échéances, afin d'éviter autant que possible la dépréciation
qu'aurait pu produire une trop grande abondance des titres sur le marché.
Il en était résulté un important mouvement de spéculation qui, comme il
arrive toujours, avait promptement amené des abus. M. Bozérian (T. II,
nº 461), expose en termes saisissants cette situation. « Les emprunts s'étaient
multipliés, et il avait fallu asseoir sur des bases nouvelles l'économie du
crédit public.... Dans l'impuissance de s'adresser au pays, l'État prit le seul
parti qui lui restait ; il s'adressa à des intermédiaires qui, moyennant finances, consentirent à se faire les escompteurs de sa détresse. De grosses
maisons de banque nationales ou étrangères souscrivirent les premiers
emprunts ; mais une condition secrète fut attachée à ces souscriptions. Si
solides, en effet, que fussent ces établissements, ils n'étaient cependant pas
capables de supporter le poids entier de ces engagements ; il fallait que,
dans un temps donné, ils pussent répartir sur les épaules d'un plus grand
nombre une charge trop lourde pour les leurs.... Il fallait qu'en échelonnant
les échéances, et après avoir satisfait à la première, ils eussent le moyen,
dans l'intervalle de la première à la seconde, de réaliser, au moyen de re-
ventes, les fonds nécessaires au deuxième versement et ainsi de suite.—Les
marchés à terme leur fournirent ce moyen. Ce fut alors qu'à côté du bataillon
d'élite, on vit se former une armée de spéculateurs, qui, confiants dans le
crédit gouvernemental, ayant d'ailleurs tout à gagner et presque rien à
perdre, reprirent en détail l'œuvre que les souscripteurs originaires avaient
entreprise en gros. Ce furent eux, qui, après avoir acheté, avec prime bien

entendu, des portions plus ou moins fortes de chaque emprunt, les revendirent avec un nouveau bénéfice, entremêlant leurs opérations sérieuses d'opérations fictives pour enlever et soutenir les cours de la rente.... » La magistrature ne vit dans ce mouvement du marché que le côté regrettable, l'abus ; en se livrant à une nouvelle étude de la législation elle en vint, par une confusion assez naturelle résultant de l'emploi impropre du mot *jeu* pour désigner les opérations hasardeuses de la bourse, à penser que ces opérations pouvaient rentrer dans les cas prévus par les articles 1965 et suivants du code civil.

X. — Quoi qu'il en soit, la rigueur des tribunaux contre les opérations à terme ne se perpétua pas très longtemps sans atténuation, et bientôt la jurisprudence entra dans une nouvelle phase, celle que nous avons signalée comme s'ouvrant en 1832. A cette époque, une distinction s'établit entre la vente à terme et l'achat ; bien qu'ils admettent généralement l'exception de jeu, les tribunaux se rapprochent de la théorie qui semble avoir été celle des anciens arrêts du conseil ; ils jugent, le plus souvent, que la présomption légale de jeu ou de pari s'applique non à l'achat mais à la vente d'effets publics.

La première manifestation de cette nouvelle manière de voir des tribunaux se trouve dans un arrêt de la cour de Paris du 29 mars 1832[1] qui déclare « qu'aucune disposition de loi ne frappe de nullité les marchés à terme d'effets publics, par cela seul que le prix d'achat n'a pas été, à l'époque du contrat, déposé entre les mains de l'agent de change de l'acheteur ; que du défaut de consignation du prix peut résulter seulement, en certains cas, une présomption que le contrat n'était pas sérieux et ne servait qu'à déguiser une opération de jeu..... mais que cette présomption ne peut être admise dans la cause et qu'elle est détruite par les faits particuliers du procès. » La distinction admise par la cour de Paris se fonde sur ce que : « si l'article 422 du code pénal établit une présomption légale de paris et de jeux de bourse contre la vente d'effets publics que le vendeur ne prouverait pas avoir existé à sa disposition, au moment de la convention de la livraison, la même présomption légale n'en ressort pas nécessairement par analogie, contre l'acheteur qui n'aurait pas été nanti des fonds suffisants au jour de l'achat ou de la livraison ; que, loin de là, on peut dire que le silence de la loi à cet égard autorise implicitement ceux qui traitent avec l'acheteur, à suivre leur foi dans sa moralité aussi bien que dans les ressources que peuvent lui faire supposer sa position sociale et sa fortune apparente et que, dans le cas d'acquisition d'effets publics, la preuve du caractère aléatoire ou sérieux du marché ne saurait résulter que de l'ensemble des circonstances dans lesquelles il a été conclu[2]. »

Par contre, la cour considère : « que la législation en vigueur sur la né-

1. Affaire Loubers C. Verrier.
2. Arrêt de la cour de Paris du 9 juin 1836. (Affaire Nième C. Dabuis.)

gociation des effets publics exige impérieusement que l'agent de change chargé d'opérer la vente à terme d'une rente sur l'État, comme de toute valeur, soit nanti du titre ou puisse justifier du dépôt régulier des pièces établissant la propriété du vendeur; qu'à défaut de ce dépôt préalable, la négociation faite par l'agent de change ne doit être considérée que comme une vente fictive qui ne donne lieu à aucune action de sa part contre le prétendu vendeur[1]. »

En outre, de 1832 à 1847, la jurisprudence se modifiait insensiblement, petit à petit les tendances générales des décisions judiciaires devenaient moins défavorables aux marchés à terme. En 1847, un nouveau pas fut fait : la distinction entre les achats et les ventes disparut et la jurisprudence admit en principe la validité des marchés à terme pourvu qu'ils fussent sérieux.

Cette nouvelle manière de voir des tribunaux se manifesta dans un arrêt de la cour de Paris du 14 août 1847; l'arrêt déclarait que « les marchés à terme ne sont pas nécessairement entachés de simulation; qu'ils peuvent être sérieux et de bonne foi; que dans *les marchés à terme le caractère du jeu ou du pari se manifeste principalement par la circonstance* que les opérations sont hors de proportion avec les facultés du vendeur et de l'acheteur et ne doivent pas être suivis d'une livraison réelle[2]. » Lorsqu'il s'agit de spéculation sur les différences, c'est-à-dire quand les opérations à terme ne doivent point avoir pour résultat la livraison des titres ou des marchandises, la jurisprudence persiste à admettre l'exception de jeu, tandis qu'elle la repousse toutes les fois qu'il y a eu des opérations sérieuses à l'origine.

Toutefois cette théorie qui constitue, sauf quelques légères modifications, la théorie actuellement en vigueur, ne fut consacrée par la cour de cassation qu'en 1857 : ce fut un arrêt du 9 mai 1857 qui donna cette consécration. Rendu par la chambre criminelle, il a servi de base à la jurisprudence adoptée depuis d'une manière générale par l'ensemble des cours d'appel et par les chambres civiles de la cour de cassation.

La cour résolvait ainsi qu'il suit la question de droit :

« Sur le moyen unique tiré de la fausse application et de la violation des articles 421 et 422 du code pénal :

« Attendu que si les marchés à terme sur les effets publics, lorsqu'ils sont sérieux et qu'ils tendent à la délivrance et au payement réel des titres, que le vendeur ait possédé ou non ces titres au temps de l'engagement, ou qu'il n'en soit devenu possesseur qu'au temps de la livraison, sont licites, consacrés par la pratique et protégés par la loi, cette protection ne peut s'étendre à ces opérations de bourse qui, empruntant mensongèrement la forme des marchés à terme, cacheraient en réalité, le jeu et ses spéculations hasardeuses; — Attendu que l'article 421 du code pénal érige en délit et punit les paris qui auraient été faits sur la hausse et la baisse des effets publics;

---

1. Arrêt du 17 février 1842. (Affaire Turquois.)
2. V. également cour de Paris 17 mars 1849. (Affaire Boulé-Péchard.)

que la disposition de cet article est générale, qu'elle embrasse sous le mot paris tout ce qui est jeu touchant les effets publics ; qu'elle s'étend à l'acheteur comme au vendeur sans distinction ; — Attendu que l'article 422 n'est pas venu restreindre la portée de la disposition qui précède ; que, statuant par voie d'assimilation, il signale parmi les cas que comprend la règle générale, un cas spécial dans lequel le caractère du pari et du jeu se révèle d'une manière irrécusable, celui où le vendeur d'effets publics ne peut prouver avoir été en possession des titres, ni au temps de la convention, ni au temps de la livraison ; — Attendu que, dans toute poursuite en matière de jeux de bourse prohibés, il appartient au juge de descendre dans l'appréciation des actes et des faits, et de rechercher, sous la forme extérieure qu'on aurait imprimée à ces actes et à ces faits, les opérations véritables qui se sont accomplies ; — Attendu qu'il est constaté…. ; Attendu qu'il résulte de ces constatations que le nom de marché à terme donné aux opérations des prévenus n'était qu'une apparence trompeuse ; qu'on ne voit, d'autre part, qu'un acheteur qui ne peut ni ne veut prendre livraison ou lever les titres, et d'autre part qu'un vendeur qui ne livrera jamais faute d'un prix qui le paie ; que ce qu'on poursuit, c'est le payement de différences ; que la spéculation porte uniquement sur la chance bonne ou mauvaise résultant de la variation des cours ; que c'est là le pari ou le jeu tels que la loi les condamne ;

» Attendu qu'en vain soutient-on qu'à l'aide du report et à chaque échéance les marchés devenaient effectifs ; que si, dans les opérations de bourse, le report se produit souvent comme un moyen efficace et légitime d'employer utilement un capital ou des valeurs commerciales, il est vrai de dire aussi qu'il peut devenir l'instrument actif de jeux de bourse prohibés ; que, permettant de reculer sans cesse, pour le reporté, la réalisation, il favorise évidemment le spéculateur hasardeux et apparaît le plus ordinairement comme le premier indice d'une solvabilité équivoque ; qu'à l'égard du reporteur, s'il prend livraison, il en annule immédiatement l'effet par une revente à terme concomitant et qui maintient le reporté dans la situation qu'il s'était faite ; qu'ainsi le report, suivant les constatations de l'arrêt, a pu imprimer plus fortement, bien loin qu'il ait effacé, le caractère de jeux prohibés, reconnu par le juge aux opérations des prévenus, etc. »

Cette importante décision pose deux principes : d'une part l'arrêt reconnaît que les marchés à terme qui tendent à la délivrance et au payement réel des titres sont sérieux, licites et protégés par la loi ; d'autre part, qu'il appartient aux tribunaux de rechercher la nature des opérations qui sont intervenues entre les parties.

Incidemment l'arrêt réprouve tous les marchés qui ne tendent qu'à des payements de différences et déclare qu'il y a jeu ou pari prohibé lorsque la spéculation n'a d'autre objet que la chance bonne ou mauvaise qui résulte de la variation des cours.

Il importe de suivre l'application que les tribunaux ont faite de ces principes.

XI. — Pour étudier complètement la jurisprudence moderne, il faut envisager la question de la validité des marchés à terme et de l'exception de jeu au point de vue de l'article 1967 aussi bien qu'au point de vue de l'article 1965. En d'autres termes, cette question ne se pose pas seulement devant les tribunaux sous forme de réclamation par les agents de change à leurs confrères ou à leurs clients de sommes d'argent qui leur seraient dues à l'occasion d'opérations à terme, elle se pose aussi au point de vue des *couvertures*.

En général, les agents de change et les courtiers ne se chargent point des ordres de ceux qui se livrent habituellement à des opérations de bourse, sans avoir entre les mains un dépôt de valeurs ou d'une somme présumée suffisante pour les couvrir des différences qui existeraient au moment de la liquidation des opérations. C'est ce dépôt qu'on appelle en langage de bourse, une couverture. Lorsque la restitution d'une couverture est demandée en justice contre l'intermédiaire, la question peut se poser de savoir si la remise qui en a été faite constitue un payement volontaire qui, aux termes de l'article 1967, ne serait point susceptible d'être répété.

Au point de vue de l'application de l'article 1965, les tribunaux n'hésitent plus à reconnaître que les marchés à terme effectués en vue de bénéfices à réaliser sur les variations du cours des effets publics, n'impliquent pas nécessairement par eux-mêmes la présomption légale ou la preuve du jeu. En principe même, les tribunaux semblent admettre que les marchés à terme sont valables et que l'exception de jeu n'est admissible qu'autant qu'il est établi que les parties ont entendu se livrer à un jeu ou pari. Il faut alors rechercher si l'opération litigieuse constitue un jeu de bourse à l'égard de chacune des personnes qui y ont participé. C'est le rôle du juge du fait laissé entièrement à son appréciation[1].

C'est dans cette recherche de l'intention des parties et du véritable caractère de l'opération qu'elles ont entendu faire, que gît précisément la difficulté. Le juge se trouve en présence d'éléments de fait et d'intention qu'il est obligé d'apprécier et son appréciation dépend nécessairement de ses idées personnelles, de la manière dont il envisage les opérations de bourse. Il sera plus sévère s'il les considère d'un œil défavorable et s'il y voit surtout des actes, sinon immoraux, du moins ne méritant aucune protection. Dans ce cas il fera plus difficilement une distinction entre les actes de spéculation légitime et les actes de jeu pur, et se montrera plus facile dans l'admission de l'exception de jeu. Au contraire, il se refusera d'autant plus énergiquement à admettre cette exception qu'il considérera la spéculation d'un œil plus favorable.

Cette diversité d'appréciation produit nécessairement un grave inconvénient : celui de laisser planer une grande incertitude sur l'avenir des opérations qui se font à la bourse et d'exposer les intermédiaires à des pertes

---

1. V. arrêt du 21 janvier 1878, aff. Sablon de la Salle C. Esnault, *France judiciaire*, II, 2, 418; — Civ. rej., 26 août 1868. aff. Delbosq C. Toureil, D., 68, I, 439.; — Req., 31 mars 1874, D., 75, I, 229.

importantes sans que, bien souvent, il leur ait été possible de savoir, au moins au début de l'affaire, qu'ils ont été engagés dans des opérations de jeu.

Il résulte également de cette différence, en matière de marchés à terme, de profondes divergences entre le premier et le second degré de juridiction. Tandis que les tribunaux de commerce, composés de commerçants, connaissant la spéculation, s'y livrant ou s'y étant livrés nécessairement dans une mesure plus ou moins grande, admettent très difficilement l'exception de jeu, les cours d'appel s'y montrent plus favorables.

Partant du principe, rappelé dans l'arrêt du 9 mai 1857, que les marchés à terme qui ne doivent point être suivis de livraison de titres et dans lesquels la spéculation porte uniquement sur la chance bonne ou mauvaise résultant de la variation des cours, constituent le jeu ou pari prohibé par la loi, les tribunaux ont refusé de reconnaître la validité de tous les marchés qui dans l'intention des parties ne devaient pas être suivis d'exécution réelle, mais se résoudre en un simple payement de la différence entre le prix convenu et le cours des valeurs à l'époque fixée pour la livraison [1].

L'intention des parties résulte de l'ensemble des faits, et nécessairement les circonstances de la cause commandent la décision à intervenir; il est impossible d'énumérer toutes celles qui servent à déterminer la conviction du juge. Toutefois, les tribunaux ont fini par s'attacher principalement à une sorte de *criterium*; ils recherchent généralement si, eu égard à l'importance des opérations, il était au pouvoir des parties d'exécuter réellement le marché, l'une par la livraison, l'autre par le payement; en d'autres termes si les opérations sont ou non en proportion avec la fortune de celui qui spécule. Si l'opération est en rapport avec la fortune du spéculateur, l'opération ne constitue ni jeu ni pari et l'exception de jeu doit être repoussée. Cette manière de voir, admise par la plupart des cours d'appel, a été consacrée dans les termes suivants par un arrêt de la chambre des requêtes du 18 avril 1877. « Attendu, dit l'arrêt, que non seulement l'arrêt attaqué ne relève aucun fait duquel on puisse induire que l'opération engagée par Audousset et exécutée par Calzado n'était point sérieuse; mais qu'il déclare dans ses motifs que cette opération, en rapport avec la fortune notoire d'Audousset, à pu paraître sérieuse à Calzado; que, dès lors, en rejetant l'exception de jeu opposée par Audousset, l'arrêt attaqué n'a point violé l'article 1965 du code civil. »

Il résulte également de cet arrêt du 18 avril 1877, que l'exception de jeu ne saurait être admise contre l'agent de change si les marchés à terme, alors même qu'ils devraient se solder par un simple payement de différences, avaient pu lui paraître sérieux. Ainsi l'exception de jeu n'est point admise si l'opération a eu lieu pour le compte d'un individu agissant, comme dans l'espèce de l'arrêt précité, dans les limites de sa fortune apparente,

---

1. V. Aubry et Rau, *Cours de Droit civil*, 4ᵉ édit., t. 4, § 386.

ou qui jusqu'à l'opération litigieuse s'est toujours comporté comme un spéculateur sérieux[1].

Elle ne serait point non plus admise si l'agent de change n'avait point eu connaissance de l'intention de son client de se livrer à un jeu de bourse et n'avait point entendu prêter son ministère à un marché devant se liquider par de simples différences[2].

La jurisprudence de cette dernière période tend de plus en plus à refuser d'admettre l'exception de jeu. Mais il est évident qu'elle n'offre encore aucune sécurité aux intermédiaires et que loin de frapper le spéculateur, loin de combattre la fraude dans la spéculation, elle la facilite plutôt.

Comment, en effet, l'agent de change, ou le banquier intermédiaire entre l'agent de change et le spéculateur, pourra-t-il s'assurer que l'opération dont il se charge est en rapport avec la fortune de son client? — Les gens de bourse n'ont la plupart du temps pour toute fortune que des titres au porteur qui se prêtent seuls aux transactions rapides que comporte la spéculation; comment dès lors apprécier leur fortune, leurs ressources? Il est impossible pratiquement de le faire d'une manière certaine et il faut de toute nécessité s'en rapporter aux apparences extérieures. Dans de telles conditions, rien n'est plus facile que de tromper l'intermédiaire. Celui qui étalera le plus de luxe, le plus de faste ne sera pas toujours celui qui aura le plus de ressources, et l'escroc trouvera souvent une plus grande facilité pour ses spéculations de jeu et d'agiotage que l'honnête homme.

A nos yeux, l'incertitude que la jurisprudence laisse planer sur le véritable criterium des marchés à terme sérieux, prouve surabondamment l'insuffisance de la législation; et devant cette insuffisance on en arrive nécessairement à ce dilemme : ou de renoncer à toute distinction entre les marchés à terme sérieux et les marchés fictifs, ou de déterminer législativement le caractère auquel on devra reconnaître le jeu; c'est cette détermination que le législateur du code pénal avait essayé de faire dans l'article 422 du code pénal, on a vu avec quel succès. On doit donc reconnaître, il nous semble, qu'il est impossible de la faire et qu'il vaut mieux renoncer à toute distinction légale.

XII. — Si l'application de l'article 1965 aux opérations à terme offre des éléments d'appréciation extrêmement délicats, l'application de l'article 1967 n'en offre pas moins.

Si le marché à terme est déclaré fictif, s'il est assimilé au jeu, l'agent de change ne peut répéter ses avances contre son client, et celui-ci, à supposer qu'il eût payé volontairement le montant des différences provenant des opérations entachées de jeu, serait dépourvu, par application de l'article

---

1. Lyon, 2 avril 1870, D., 71, II, 196; — Req., 18 avril 1877, précité; — Paris, 15 juillet 1877, D., 78, II, 183; — Lyon, 25 janvier 1881, D., 82, II, 136.

2. Req., 21 janvier 1878, *France judiciaire*, II, 2, 418; — 27 février 1878, D., 1, 367; — Lyon, 26 mai 1877, D., 78, II, 93.

1967, de toute action pour recouvrer ce qu'il aurait librement acquitté[1]. Jusque-là pas de difficulté sérieuse si l'on admet que l'article 1965 soit applicable à une opération, on doit nécessairement lui appliquer l'article 1967. La question devient plus délicate au cas extrêmement fréquent où il y eu remise de *couverture*.

Pourra-t-on dire dans ce cas qu'il y a eu payement volontaire en ce sens que le client, lorsque la couverture aura été absorbée par le payement des différences, ne pourra plus en réclamer la restitution?

En principe, rien ne s'oppose à ce qu'on voie dans le fait de la remise d'une couverture un payement effectif et volontaire, car on peut toujours payer par anticipation une dette éventuelle. Dès lors le commettant ne pourrait, par application de l'article 1967, réclamer à l'agent de change la restitution de la couverture qui aurait été absorbée par le payement de ses différences.

Toutefois, nombre d'auteurs et d'arrêts ne veulent voir dans la remise d'une couverture entre les mains de l'intermédiaire qu'une constitution de gage, un simple nantissement qui ne l'autorise pas, *ipso facto*, et en l'absence d'un pouvoir spécial, à réaliser les titres qui composent le gage et à en appliquer le produit au règlement des différences[2]. Le commettant reste propriétaire de la couverture et peut en réclamer la restitution.

On ne peut, dans ces conditions, voir dans la remise d'une couverture un payement volontaire qu'autant qu'elle consiste en numéraire; la jurisprudence y voit alors un véritable payement.[3] Si la couverture ne consiste pas en numéraire, on ne peut considérer la remise qui en est faite comme un payement volontaire qu'autant que le commettant a donné l'autorisation spéciale et au moins implicite de l'appliquer au payement[4]. Mais de quels faits peut-on induire cette autorisation? C'est là encore matière à appréciation. A cet égard, la jurisprudence a vu une autorisation implicite, qu'elle a jugé suffisante, dans le fait que le client, sur l'envoi par son agent de change d'un compte d'opérations se soldant à son débit, avec menace d'une liquidation d'office, avait consenti à la vente des valeurs composant la couverture : il y avait là, suivant elle, une autorisation implicite d'employer les fonds provenant de la vente des valeurs au payement des différences. (Arrêt du 24 juillet 1866.) C'est par le même motif que la chambre des requêtes, par arrêt du 4 août 1880[5], a confirmé le rejet qu'avait subi la réclamation d'un

---

1. AUBRY et RAU, 4e éd., t. IV, § 386; — Civ. rej., 1er et 2 août 1859, D., 59, I, 289 et 292; — Civ. rej., 24 juillet 1866, D., 66, I, 387; — Req., 4 août 1880, D.. 81, I, 113.

2. AUBRY et RAU, loc. cit., t. IV, § 386, p. 581; — PONT, I, 655, Paris, 11 mars 1851, S., 51, II, 145; — Bordeaux, 15 juin 1857, S., 57, II, 533; 25 août 1858, S., 59, II, 88; — Paris, 29 novembre 1858, S., 59, II, 81; 19 novembre 1864, S., 64, II, 281; 13 juin 1868, S., 68, II, 203.

3. BUCHÈRE, *Opération de Bourse*, n° 546. — Paris, 11 mars 1851; — Limoges, 12 décembre 1868, D., 69, II, 14.

4. Civ. 24 juillet 1866, D., 66, I, 387; — LAURENT, *Principes de droit civil*, t. 27, n°s 253 et suivants.

5. D., 81, I, 113.

client qui, ayant reçu périodiquement de son agent de change des bordereaux indiquant les pertes subies et les prélèvements opérés sur la couverture pour les liquider, avait approuvé ces prélèvements.

Enfin, un arrêt de la cour de Paris du 16 mars 1882[1], décide que le versement opéré dans les caisses d'un agent de change d'une somme à titre de couverture constitue le premier élément d'un compte courant qui s'établit entre l'agent de change et le client au sujet des opérations entreprises, et lorsque, à la suite d'une série d'opérations, suivies pendant plusieurs années et dont les résultats ont toujours été réglés par voie de compensation et de balance entre l'actif et le passif, tout ou partie des sommes versées en couverture par le client spéculateur a été absorbé par la compensation des différences dues par lui, il ne peut en réclamer la restitution, sous prétexte que les opérations auxquelles il s'est livré n'auraient été que des opérations de jeu illicites n'ayant pu donner naissance à aucune obligation civile.

Il faut ajouter que, si la couverture était constituée en billets à ordre ou en lettres de change acceptées, on ne saurait y voir un payement volontaire ; la cour de cassation, en effet, ne regarde pas comme un payement volontaire la remise de titres qui ne constitue en réalité qu'une promesse de payer[2].

La jurisprudence, soit qu'on l'envisage au point de vue de l'application que les tribunaux font aux marchés à terme de l'article 1965, soit qu'on l'examine au point de vue de l'article 1967 est donc loin de poser des règles précises. Elle présente nombre d'incertitudes dont le moindre inconvénient est de laisser à certains moments le doute se produire sur la validité d'un grand nombre de conventions, qui intéressent au plus haut point le crédit public ; on l'a vu récemment. Nous avons suivi, depuis le commencement du siècle, depuis la constitution de la société moderne, les variations qu'elle a subies. Il faut l'avouer, les différents systèmes qu'elle a choisis paraissent aussi justifiés les uns que les autres ; chacun d'eux peut s'autoriser des textes, et l'on ne peut méconnaître qu'il y a place au doute sur la question de savoir quel est celui des systèmes auxquels la jurisprudence s'est arrêtée, qui est le plus juridique, le plus conforme à la pensée du législateur.

On doit en conclure nécessairement à l'insuffisance de la législation et reconnaître qu'il est désirable qu'une catégorie de négociations, devenue si importante à notre époque, ait enfin un avenir certain et ne soit plus en butte aux variations toujours possibles de la jurisprudence. La France nous semble devoir suivre, à cet égard, l'exemple des nations voisines, et conformer comme elles sa législation à l'état des faits économiques.

XIII. — Parmi les législations étrangères[3], celles de la Belgique et de

---

1. Voir cet arrêt et les observations en note *France judiciaire*, VI, 2, 471.

2. Req., 16 décembre 1879, *France judiciaire*, IV, 2, 536 ; — Paris, 15 mai 1879, *France judiciaire*, III, 2, 656.

3. Nous empruntons pour la plus grande partie, les renseignements que nous donnons ici sur la législation étrangère, à l'excellent ouvrage de M. Badon Pascal, sur les *Marchés à terme*.

l'Italie sont celles qui, prises dans leur ensemble, offrent le plus d'analogie avec la nôtre.

En Belgique notamment, les codes, sauf les améliorations qu'ils ont subies, sont restés tels qu'ils avaient été promulgués sous Napoléon Ier, alors que la Belgique était partie intégrante de l'Empire français. Les articles 421 et 422 du code pénal ont été abrogés par la loi du 8 juin 1867 en même temps que les articles 464 et 419 ; ces articles ont été remplacés par un article portant le n° 311 et ainsi conçu :

« Les personnes qui, par des moyens frauduleux quelconques, auront opéré la hausse ou la baisse du prix des denrées ou marchandises, ou des papiers et effets publics, seront punies d'un emprisonnement d'un mois à deux ans et d'une amende de 300 à 10,000 francs. »

En outre la loi du 30 décembre 1867, qui a révisé le code de commerce belge et rendu libre la profession d'agent de change, a abrogé toutes les anciennes dispositions des lois françaises contre les marchés à terme ; toutefois, on a cru ne pas devoir effacer toute prohibition des jeux de bourse et en renvoyant à la revision du code civil la solution de la question, on a laissé subsister les articles 1965 et 1967 que les tribunaux ont continué d'appliquer. Mais dans l'admission de l'exception de jeu, les tribunaux se montrent très difficiles. Ils ne l'admettent que lorsqu'il a été convenu entre les parties que les opérations se résoudraient uniquement par des différences et que les titres ne seraient jamais livrés[1] ; encore n'y a-t-il point jeu de bourse si la convention permettait d'exiger la livraison effective des marchandises[2]. Enfin c'est à celui qui invoque l'exception de jeu qu'incombe l'obligation de prouver que l'accord s'était établi entre les parties de se livrer à un simple pari[3].

En Italie, la matière est régie par une loi du 13 septembre 1876.

Aux termes de l'article 1er de cette loi : « sont soumis à la taxe du timbre : l'achat et la vente tant au comptant qu'à terme, ferme, à prime ou avec report et tout autre contrat conforme aux usages commerciaux, ayant pour objet des titres des dettes de l'État, des provinces, des communes et d'autres personnes morales, des actions et obligations des sociétés ou en général quelque titre que ce soit de matière analogue, soit national, soit étranger. »

Art. 3. — « Quand un courtier public n'aura pas indiqué à l'un des contractants le nom de l'autre, il sera responsable vis-à-vis du premier de l'exécution du contrat. »

Art. 4. — « Pour les contrats à terme dont il est parlé dans l'article 1er de la présente loi, s'ils sont stipulés dans les formes prescrites par elle, il est donné une action en justice, alors même qu'ils n'auraient pour objet que le payement des différences. »

En Autriche, la loi du 1er avril 1875, relative à l'organisation des bourses de commerce, contient quelques dispositions intéressantes. L'article 14 déclare

1. Cour de Gand, 24 juillet 1873.
2. Cour de Gand, 30 janvier 1875.
3. Cour de Bruxelles, 7 décembre 1874.

que « les opérations de bourse sont des actes de commerce. » L'article 12, que les opérations de bourse sont « les opérations faites dans le local public de la bourse... sur des valeurs qui peuvent être négociées et cotées. »

Aux termes de l'article 13 « dans les procès relatifs à des opérations de bourse, l'exception tirée de ce que la demande est fondée sur une opération de différence constituant un jeu ou un pari, n'est pas admissible. » D'autre part, aux termes de l'article 5 « sont privés du droit d'entrer à la Bourse, les personnes qui n'ont pas exécuté les obligations résultant pour elles d'opérations de bourse, et ce, tant qu'elles ne les ont pas exécutées. » Et les statuts des Bourses peuvent disposer que « les noms des membres de la Bourse ou de ceux qui y entrent seront publiés par voie d'affiches, dans le local de la Bourse, quand ils n'auront pas exécuté, dans le délai fixé, les obligations résultant à leur charge d'opérations de bourse (art. 17). »

En SUISSE, dans le canton de Genève, une loi du 29 février 1860, reconnaît la validité des marchés à terme contractés à la Bourse de Genève, alors même qu'ils doivent se résoudre par des différences. La loi abroge en outre les articles 421 et 422 du code pénal et déclare (art. 4) que l'article 1965 du code civil ne peut être interprété comme applicable aux marchés à terme.

En ANGLETERRE, une loi de 1860 a abrogé comme restreignant sans nécessité la faculté de faire des marchés sur les effets publics, une loi de 1734, connue sous le nom de *Sir John Bernard's act*, qui prohibait les opérations à terme faites à découvert et frappait de peines ceux qui y participaient. Néanmoins, une loi de 1845, déclarant sans valeur les contrats ayant le caractère de jeu et de pari, est toujours en vigueur, bien que la jurisprudence en ait considérablement restreint l'application ; en effet, de nos jours les tribunaux anglais admettent très difficilement l'exception de jeu et obligent à l'exécution des marchés reconnus par les usages et règlements du *Stock Exchange*.

En ALLEMAGNE, les marchés à terme sont licites (art. 357 du code commerce allemand); mais il n'existe aucune loi d'empire relative à l'exception de jeu. Cette exception est admise par la cour suprême de l'empire, séant à Leipsick, lorsqu'il a été convenu d'une façon formelle et indiscutable que la différence des cours forme l'unique objet du contrat ; mais en dehors de ce cas, elle reconnaît et sanctionne la validité du marché.

XIV.—Nous avons, au cours de cette étude, recueilli autant que possible tous les documents qui nous ont paru de nature à éclairer la question soulevée depuis si longtemps dans le monde des affaires et dont les derniers événements financiers ont rendu la solution urgente. Nous nous sommes efforcés de faire ressortir combien est grande, dans l'état actuel des relations économiques, l'utilité de la spéculation, pourvu toutefois qu'elle ne dégénère pas en agiotage, c'est-à-dire qu'elle n'emploie point de moyens frauduleux pour arriver à son but et que les bénéfices qu'elle recherche soient la juste rémunération d'un service rendu, dans le sens économique de cette expression. Sa légitimité est à ce prix et c'est à ce prix aussi qu'elle a droit à la protection du législateur.

C'est pourquoi nous croyons devoir adopter l'opinion, bien combattue jusqu'à ce jour, mais qui paraît aujourd'hui rencontrer de nombreux adeptes, et conclure en faveur de la reconnaissance légale de toutes les opérations faites à la bourse.

Nul, plus que nous, n'est opposé à la spéculation sans vergogne, si souvent flétrie par les moralistes et que les tribunaux, plus encore peut-être que le législateur, se sont efforcés de combattre. Nous estimons que l'agiotage doit être réprouvé sous quelque forme qu'il se présente, quelqu'apparence qu'il revête et quels que soient les moyens qu'il emploie ; mais c'est précisément par ce motif, qu'il faut, à nos yeux, faire cesser l'hésitation causée par les variations de la jurisprudence, relativement aux conditions exigées pour la validité des marchés à terme et même à la légalité de ces opérations. Il faut que le législateur se prononce formellement ; qu'il déclare que les opérations de bourse quelles qu'elles soient, faites au comptant, à terme, fermes ou à prime, seront garanties par une action, et cela, alors même qu'elles ne devraient avoir d'autre résultat que le payement de différences. La difficulté de distinguer les cas où il y a jeu de ceux où la spéculation est sérieuse, jointe à l'inconvénient que présente au point de vue moral l'admission de l'exception de jeu, lui en fait une obligation qu'il ne peut éluder.

Actuellement le spéculateur malhonnête garde toujours, comme une suprême ressource, l'espoir de se retrancher derrière l'exception de jeu et d'échapper, en l'opposant à son adversaire, aux conséquences d'engagements téméraires, contractés sans espérance, peut-être même sans volonté de les remplir jamais. Il faut enlever cette faculté à l'agiotage ; il faut que chacun sache que les engagements contractés à la bourse sont aussi obligatoires, aussi sacrés et qu'ils sont aussi garantis dans leur exécution que les engagements contractés en dehors de la bourse et qui sont constatés par les actes authentiques ou sous seings privés.

Celui qui se livre à des opérations d'une probité douteuse ne mérite aucune protection. Suivant l'expression du comte Mollien, dans le célèbre entretien qu'il nous a conservé dans ses *Mémoires* : « quand un homme libre a pris des engagements téméraires, c'est dans leur exécution qu'il doit trouver la peine de son imprudence ou de sa mauvaise foi. » Quand tout spéculateur, quel qu'il soit, saura qu'il ne peut se soustraire à l'exécution de ses engagements, on verra diminuer le nombre de ceux qui n'ont pour règle morale que la peur de la justice et qui ne voient dans la spéculation qu'un moyen dépourvu de périls de dépouiller leur prochain à leur profit. On a tout droit d'espérer que la reconnaissance légale des marchés à terme aura l'effet qu'on a jusqu'ici en vain voulu produire en en contestant la validité. « Je ne sais à coup sûr, disait Berryer dans son plaidoyer en faveur des coulissiers (1859), rien de plus respectable que le sentiment qui a inspiré jusqu'à présent les décisions de la jurisprudence. L'horreur du jeu, le désir de l'atteindre partout où il se se cache et de le proscrire ont conduit à confondre avec le jeu, la spéculation légitime, celle qui est un élément nécessaire de la prospérité publique. Mais je crois que la magistrature est arrivée précisément par ces arrêts à un résultat tout contraire au but qu'elle se proposait.... Ah! pourquoi, au lieu de dénier l'action civile pour raison des engagements pris dans les marchés à terme, n'a-t-on pas maintenu tous les droits de la loyauté, le respect et l'inviolabilité des engagements? Pourquoi n'a-t-on pas condamné l'homme qui a fait un marché à terme et qui n'en remplit pas les conditions? Une pareille jurisprudence eut singulièrement réduit le nombre des gens téméraires qui cherchent la fortune dans de folles entreprises, dans des opérations chimériques, sans qu'une responsabilité sérieuse, légale, les arrête sur la voie des engagements irréfléchis. »

Le meilleur moyen de combattre le jeu, la spéculation sans frein et sans scrupule, c'est de les mettre en face des conséquences qu'ils peuvent avoir, En Autriche, depuis la loi du 1er avril 1875, on a constaté la diminution du nombre des spéculateurs plus ou moins honnêtes qui pullulaient à la bourse de Vienne et qui avaient amené, par leurs agissements, le fameux *krach* de 1872. Pourquoi, par les mêmes moyens, n'obtiendrions-nous pas en France, le même résultat? Tout permet de prévoir que le succès qui a couronné l'œuvre du législateur autrichien s'attachera à l'œuvre que notre législateur est convié à accomplir.

Une objection se présente il est vrai. Elle est sérieuse, mais elle n'est pas irréfutable. La plupart des spéculateurs qui font appel à l'exception de jeu sont engagés au delà des limites de leur fortune; ce n'est pas sans raison que la jurisprudence a pris pour *criterium* du jeu, le rapport entre la fortune du spéculateur et l'importance de ses opérations; bien souvent ceux qui se livrent à la spéculation sans frein ou à l'agiotage, n'ont point de biens immeubles ou de titres nominatifs qu'on puisse saisir; s'ils ont quelque fortune, elle consiste en titres au porteur faciles à dissimuler. A quoi servira dès lors l'action donnée contre eux? Quelle utilité offrira-t-elle au point de vue pratique? Aucune, dira-t-on.

Évidemment il arrivera (moins souvent peut-être qu'on le suppose), que l'action ne pourra produire aucun résultat pratique; et que le but qu'on aura voulu atteindre en proclamant la validité des marchés à terme sera totalement manqué. En face d'un débiteur insolvable, la loi se trouvera désarmée et les intermédiaires seront aussi lésés qu'ils le sont actuellement. Mais en premier lieu c'est aux intermédiaires à prendre leurs précautions, et s'ils acceptent sans aucun contrôle les ordres de leurs clients, sans s'assurer qu'ils sont solvables et peuvent faire face à leurs engagements, ils commettent une faute lourde et seraient mal venus à se plaindre des conséquences qu'elle peut avoir. Aujourd'hui ils courent les mêmes périls et de plus ils peuvent redouter que l'exception de jeu leur soit opposée. Peut-être le recours que la loi nouvelle leur accorderait serait-il illusoire, mais s'ils sont lésés, ce sera uniquement parce qu'ils auront négligé de prendre des précautions suffisantes et ils ne seront pas exposés comme ils le sont aujourd'hui à subir une perte malgré toutes les précautions qu'ils ont pu prendre.

Ensuite et pour le cas où les intermédiaires auraient été trompés par les agissements frauduleux du client, au cas où celui-ci se serait rendu coupable de manœuvres propres à faire croire à un crédit imaginaire, les peines de de l'escroquerie deviennent applicables. A ce point de vue la reconnaissance légale des marchés à terme ne change rien à la situation présente. On doit convenir qu'elle l'améliore plutôt, puisque toutes les fois que le spéculateur aura quelques ressources, que l'agent de change, le coulissier ou le banquier seront munis d'une couverture, ils pourront rentrer dans leurs déboursés, tandis qu'aujourd'hui l'exception de jeu peut leur être opposée. Actuellement ils ont à craindre à la fois que leur client soit insolvable et qu'il leur oppose l'exception de jeu ; avec la nouvelle loi, ils n'auront plus à redouter que l'insolvabilité de leur commettant.

Peut-être cependant serait-il bon de prévoir, au point de vue pénal, l'insolvabilité provenant de spéculations exagérées faites avec imprudence ou même engagées dans un but frauduleux avec la certitude de ne point en supporter les conséquences pécuniaires. Il serait peut-être sage de ne pas s'en rapporter à l'assimilation que la jurisprudence peut faire des agissements du spéculateur de bourse et des faits constitutifs de l'escroquerie et de régler par un texte spécial les pénalités que pourrait encourir la spéculation malhonnête.

Le spéculateur, qui prend dans des opérations de bourse des engagements supérieurs à ceux qu'il peut raisonnablement et légitimement espérer remplir, se rend coupable d'une faute qui ne saurait engager sa responsabilité civile seule, mais aussi sa responsabilité pénale. Le code pénal atteint le commerçant qui cesse de faire face à ses engagements par légèreté ou fraude, et celui qui détourne une partie de son actif; existe-t-il une si grande différence entre les deux cas?

Aux termes de l'article 585 du code de commerce, est banqueroutier simple le failli qui, de diverses façons, s'est livré à des dépenses exagérées, à des jeux de hasard qui ont compromis sa solvabilité, et pour ce seul fait, aux termes de l'article 402 du code pénal, il est condamné à un emprisonnement de un mois à deux ans. Ce commerçant est-il donc plus coupable que celui qui a inconsidérément contracté des engagements qu'il ne pouvait remplir, et qui a compromis les intérêts de ceux qui ont suivi sa foi?

Le failli qui a tenté de soustraire frauduleusement à ses créanciers une partie de son actif est banqueroutier frauduleux, aux termes de l'article 591 du code de commerce, et il est frappé de la peine des travaux forcés à temps. Est-il plus coupable que celui, qui, engagé dans des opérations financières, dissimule sa fortune frauduleusement sous la forme de titres au porteur ou autrement et refuse de remplir des engagements contractés en bourse? Evidemment non.

Aussi nous semble-t-il qu'il ne serait point inutile, sinon de rendre applicables les dispositions de l'article 402 du code pénal aux spéculateurs dont les engagements ne seront pas remplis, au moins d'édicter contre eux une pénalité sévère. L'intérêt social qui justifie la peine est aussi grand, dans ce cas particulier, que dans les cas de banqueroute. Dans la banqueroute, l'intérêt provient de la nécessité d'empêcher les commerçants de compromettre inconsidérément leur crédit ou de dissimuler leur actif aux dépens de ceux qui ont traité avec eux ; on ne peut guère sérieusement contester qu'il existe au même degré lorsqu'il s'agit d'un spéculateur de bourse.

Comme le commerçant failli et qui n'a pas de faute lourde à se reprocher, le spéculateur sérieux et honnête mais malheureux n'encourrait aucune pénalité ; comme le banqueroutier simple ou le banqueroutier frauduleux, il encourrait une peine d'autant plus grave qu'il aurait employé la fraude ou aurait été simplement inconsidéré dans ses actes.

Il nous semblerait donc bon d'ajouter à la loi proposée une disposition pénale qui pût servir de sanction non seulement contre les spéculateurs, commerçants de profession, mais contre tous les spéculateurs qui se livrent à des opérations sur les effets publics. Les commerçants en effet, qui font des opérations à terme soit sur les effets publics, soit sur les marchandises, sont susceptibles d'être mis en faillite s'ils ne font pas honneur à leurs engagements : et si leur faillite provient d'opérations de pur hasard ou d'opérations fictives de bourse ou sur marchandises, ils peuvent être déclarés banqueroutiers. Il n'en est pas ainsi de ce ceux qui ne sont pas commerçants et le nombre en est considérable.

Une telle mesure nous semblerait utile pour compléter la sanction qui résultera déjà de la reconnaissance légale des marchés à terme, et il serait à souhaiter qu'elle fût proposée aux Chambres et adoptée par elles.

D'ailleurs, le projet de loi serait-il voté tel qu'il est proposé, que nous y verrions un progrès considérable, une somme d'avantages moraux, économiques et sociaux suffisants pour en faire souhaiter la mise en vigueur.

Fontainebleau. — M. E. Bourges imp. breveté.

PETITE ENCYCLOPÉDIE JURIDIQUE

Sous ce titre, nous publions une série de volumes in-18 jésus dans lesquels toutes les matières de Droit civil, pénal, commercial et administratif se trouveront traitées, à un point de vue essentiellement pratique, et sous forme de manuels se vendant séparément. Cette collection formera un véritable **Répertoire général du Droit**, tenu constamment au courant de la législation et de la jurisprudence les plus récentes.

Voici la liste des ouvrages déjà parus :

Code des Théâtres, contenant un exposé des principes juridiques, le texte des principaux décrets, circulaires et règlements, etc., par Charles Constant, avocat à la cour de Paris, 1882, 2e édition, 1 vol.   3 50

Code de la Chasse et de la Louveterie, commentaire de la loi du 3 mai 1844, modifiée par celle du 22 janvier 1874; traité sur la louveterie, etc.; par P. Leblond, avocat à la cour de Rouen. 1878, 2 vol.   6 »

Code municipal ou Manuel des conseillers municipaux, contenant l'exposé de la législation municipale et les solutions pratiques des questions qui peuvent intéresser les communes et les conseillers municipaux, par Ambroise Rendu, avocat à la cour de Paris. 1879, 2 vol.   6 »

Code de l'Officier de l'état civil, avec tables et formules, par A. Addenet, ancien procureur de la République. 1879, 1 vol.   3 50

Code des Propriétaires de bois et forêts, locataires de chasses; de leur responsabilité par suite des dégâts causés par le gros et le petit gibier; par M. Frémy, juge suppléant à Senlis. 1879, 1 vol.   2 »

Codes de la Propriété industrielle, Manuels pratiques des législations française et étrangères à l'usage des inventeurs et des fabricants, par Ambroise Rendu, avocat à la cour de Paris :

Brevets d'invention. 1879, 1 vol.   3 50

Contrefaçon des inventions brevetées. 1880, 1 vol.   3 50

Marques de fabrique. 1880, 1 vol.   3 50

Code départemental ou Manuel des conseillers généraux et d'arrondissement, commentaire pratique de la loi du 21 août 1871, et des lois relatives à l'administration départementale, au budget, à l'instruction publique, etc., par Charles Constant, avocat à la cour de Paris. 1880, 2 vol.   7 »

Code des Règlements d'Ordres, soit amiables, soit judiciaires et des collocations des créanciers, par A. Ulry, juge chargé des ordres à Guéret. 1881, 2 vol.   7 »

Code des Réunions publiques, électorales et privées. Commentaire pratique de la loi du 30 juin 1881, par Ch. Constant, avocat à la cour de Paris. 1881, 1 vol.   2 »

Code des Établissements industriels, contenant la législation et la jurisprudence concernant les ateliers dangereux, insalubres ou incommodes, etc., par Ch. Constant, avocat à la cour de Paris. 1881, 1 vol.   3 50

Code des Juges de paix, considérés comme officiers de police judiciaire, auxiliaires du procureur de la République et délégués du juge d'instruction, par A. Scohyers, ancien avoué, juge de paix du canton de Courville. 1881, 1 vol.   2 »

Code rural, régime du sol, police rurale, régime des eaux, etc.; par P. de Croos, avocat à Béthune. 1882, 2 vol.   7 »

Code électoral, formation et revision annuelle des listes électorales, d'après la jurisprudence de la cour de cassation, par E. Greffier, conseiller à la cour de cassation. 1882, 1 vol.   3 50

Code des Chemins vicinaux et des Routes départementales, par A. Gisclard, ancien conseiller de préfecture, avocat à Périgueux. 1882, 2 vol.   7 »

Code des Chemins de fer d'intérêt local, par le même auteur. 1882, 1 vol.   3 »

Code de la Presse, commentaire de la loi du 29 juillet 1881, par C. Bazille, avocat à la cour de cassation, et Ch. Constant, avocat à la cour de Paris. 1883, 1 vol.   4 »

Code des Transports de marchandises par chemins de fer, par L.-J.-D. Féraud-Giraud, conseiller à la cour de cassation. 1883, 2 vol.